新しい人間関係のルール

New Rules for Relationships

並木良和

Namiki Yoshikazu

PHP

はじめに

こんにちは、並木良和です。

この本を手に取ってくださったということは、人間関係にまつわるさまざまな場面で、

「苦手だな。面倒くさいな」

「思うようにいかないな」

「最近ついてないな」

「もっといいご縁に恵まれたい」

「もっといい関係性を築きたい」

などと、感じるところがあるのではないでしょうか。

人の悩みの9割は、人間関係とも言われます。

つまり、もし人間関係の悩みを手放せたら、今よりもずっと自由に軽やかに過ごせるの

です。

僕が本書でお伝えしたいのは、シンプルに言えばたった一つだけです。

あなた自身と、ちゃんとコミュニケーションを取って、よい関係を築くこと。これに尽きます。

これまでの世の中では、
自分の意見を押し殺して相手を立てる
自分の思いは度外視して相手の気持ちを大切にする
愛想笑いでごまかして、場の空気を乱さないようにする
といった、エセの調和でうまくいっていました。

でも、これからは違います。

これからは、ありのままの自分で勝負をする時代になります。

YouTubeやInstagram、TwitterといったＳＮＳを見ても、今まで抑えてきたこと、表現したいと思いながらも我慢してきたことを、自分の場を作ってどんどん表現する時代に

なっていますよね。そこには年齢も、住んでいる場所も関係ありません。

右へ倣《なら》えの時代から、それぞれが自分を表現する時代になってきているのです。この時代の変化には誰も逆らうことはできません。

それなのに、自分に蓋《ふた》をして相手に合わせるとか、ありのままの自分を見せることを怖がって、仮面をつけてコミュニケーションを取るといった古い時代のやり方を引きずっていたら、行き詰まってしまうでしょう。

本音を隠すことで自分の中にゆがみが生じ、どんどん息苦しくなってくるのです。そして、そのゆがみが、周りの人々との関係性やコミュニケーションも難しくしていきます。

あふれる情報に押し流されて、自分の心が見えなくなっていませんか？

周囲に合わせることに慣れて、自分を大切にすることをおろそかにしていませんか？

あなたがまず関係をよくしなければいけないのは、他の誰でもなく、あなた自身です。

自分との関係が悪いまま、他者との関係がよくなることはあり得ません。

逆に、自分との関係がよくなれば、あなたを取り巻く、あらゆる関係がよくなるのです。

あなたが本当の意味で、自分との良好な関係性を取り戻せば、誰の前でもリラックスしていられるので、たくさんの人と会っても、初めての人と会っても、疲れることがなくなります。人前で話すのが苦手という人は多いですが、そうした意識も手放すことができます。


イメージしてみてください。

もしそうなれたら、もっと軽やかに生きられると思いませんか？


この本では、自分自身とのつながりを取り戻し、人間関係やコミュニケーションの悩みを手放す方法をお伝えしていきます。

どれも、僕自身が人生に取り入れ続けてきたことばかりです。子どもの頃は自分よりも他の人の思いを優先して、グッタリと疲れて体調を崩すような毎日でしたが、古いやり方を手放したおかげで、とてもラクに、豊かに生きられるようになりました。

みなさんも、ありのままの自分で、もっと軽やかに自由に人とかかわりながら、最高の人生のストーリーを生きてみませんか？　それでは、スタートです。

新しい人間関係のルール

目次

第2章　トラブルに巻き込まれない生き方

第3章 自由に軽やかに関係を築く10のルール

第4章 人間関係の悩みを手放せば、最高の人生が開かれる

装　画――どいせな
装　丁――小口翔平＋畑中茜（tobufune）
編集協力――橋口佐紀子

第1章

うまくいかない人は何が違うのか

これまでの人間関係と、これからの人間関係

ここ数年で価値観が大きく揺らいでいることを、多くの人が実感していると思います。今までの常識が通用しなくなり、「これが普通だよね」「これが当たり前だよね」という感覚もどんどん変わってきています。

そうすると、人間関係のあり方も変わっていきます。

これまでは、どちらかと言うと「ネガティブなカルマのつながりがベース」になって人間関係が築かれていました。カルマと言うとわかりにくいでしょうか。

わかりやすい例を挙げるなら、「騙し、騙され」とか、「利用し、利用され」とか、そうした関係性です。すべての関係性がそうではありませんが、そういうことがとても多かったのです。

自分の寂しさを埋め合わせるために人とかかわるのも、その一つです。

一人でいたくないから恋人をつくる、友人をつくる、グループで行動する……。そうし

た経験が誰しも一度や二度はあるのではないでしょうか。

まさに「人」という字のようなあり方です。

人という字は、人と人が支え合っている姿だと言う人もいますよね。あるいは、人と人がお互いに寄りかかって共存共栄していく、それが人というものだよ。そんなふうに教わった人もいるでしょう。

でも、この関係は重たいのです。お互いに倒れ合って、しがみつき合って共依存しているようなものですから、一方が支えきれなくなったら、もろとも倒れてしまいます。

言うならば、今までは「助けたい」と思っている人と、「助けられたい」と思っている人の需要と供給でつながっていたのです。

でも、「助けたい、助けたい」と言っていた人も、「助けてよ、助けてよ」と言われるばかりの関係性が続くと、苦しくなってきます。

そして、「もう無理！　こんな関係性、やめてやる！」と離れようとする。でも、「助けられたい、助けてよ」と相手に寄りかかっている人は、支えてくれる人がいなくなると困ります。だから、「ちょっと！　どこに行こうと言うのよ！」「置いていかないでよ！」としがみついて、複雑に絡み合ってしまうのです。

そうではなく、これからは一人ひとりが自分の足でまっすぐに立ち、自立したうえで自由にかかわっていく関係性に変わります。


「ねぇねぇ、私たち親友よね、ずーっと親友だよね」と、お互いに寄りかかり合って閉ざした関係性をつくるのではなく、それぞれが自立して、自分の道をまっすぐに進んでいきながら、「あ、今あの人とかかわってみるといいかも」「私もそう思ってた」などとお互いの思いがシンクロしたときにかかわる。そして、何らかの形で区切りがつくと「じゃあね、ばいばい。また何かのときにね」と、あと腐れなく離れていく――。


そこには執着の鎖《くさり》も依存というエネルギーもありません。非常にクリアで軽やかな関係性です。

出会いも別れも、自由。

「今、私はこの人と一緒にいたい」「あ、私もそう思う!」

そんな自由なエネルギーが人間関係の間を流れます。

それなのに、いつまでも寄りかかり合う関係性を求めていると、「じゃ」と去っていこうとする相手にしがみついてしまい、トラブルを生みます。それぞれがちゃんと自分の足で立って、自立しながら相手とかかわれば自由でポジティブな関係が築けるのに、相手に寄りかかろう寄りかかろうとするから、うまくいかなくなるのです。

あえて断言しますが、そのことが、すべての人間関係の悩み、トラブルの原因です。

人間関係の悩みやトラブルを抱えているとき、それが家族の問題だろうと、恋愛の悩みだろうと、職場のトラブルだろうと、見ず知らずの人とのトラブルだろうと、問題の本質は、あなたが本当の意味で自立していない、相手に寄りかかっていることにあります。

人間関係で傷つくのはなぜか

「え？　私は誰にも寄りかかっていませんよ。ちゃんと自立していますよ」と思う方は多いかもしれません。

それでは、一つ、質問です。

あなたは、誰かの一言に傷ついたことはありますか？

相手は誰でも構いません。親でも子どもでも、パートナーでも、会社の上司や部下、友人、あるいは初対面の人でも。

誰かから言われた言葉にグサッと傷ついたことはありますか？

「え？　人間、誰しも傷つくことはありますよね。そんなの当たり前じゃない？」と思うかもしれませんね。

でも、人間関係で傷つくということは、もれなく相手に寄りかかっているということです。

「寄りかかっている」ではピンとこないなら、違う言い方をすると、相手に「期待している」ということです。

「私はこれだけやってあげたのだから『ありがとう』くらい言うのは当たり前じゃない？」

「どれだけあなたのためにやってきたと思っているの？　普通だったら、ちゃんと敬意を表するものじゃない？」

そんなふうに相手がこうしてくれるだろう、こう言ってくれるだろうと期待しているから、傷つくのです。

それは、相手に依存していることと同じです。あるいは、その人に依存していなくても、「これが普通でしょ」「普通はこうするでしょ」と、今までのあり方に依存しています。

どちらにしても自立できていないのです。

本当の意味で自立していたら、相手に期待することはありません。相手に期待しなくても、すでに満たされているからです。

そして、自分自身が満ちていると、人間関係で傷つくことはありません。つまり、あなたが自立していたら、誰もあなたを傷つけることはできないのです。

承認欲求がなくならない理由

承認欲求もわかりやすい例です。

誰かに褒められたい、認められたい、評価されたい、〝いいね〟を集めたい。

職場でも、プライベートでも、SNS上でもよくありますよね。

こうした承認欲求のベースにあるのは何かと言ったら、無価値感です。自分には価値がないと思っているから、誰かに自分を認めてほしいのです。そして、自分が抱えている無価値感を消したいのですね。

これも「認めてください」「〝いいね〟を押してください」と、相手に期待して寄りかかっている状態です。

自分で自分の価値を認めていたら、つまり、無価値感を抱えていなければ「誰に認めてもらわなくても大丈夫です」となります。自分で自分の価値を知っているので、他の人から褒められなくても、認められなくても気にならないのです。

それが自立しているという状態です。

「寄りかかりたい」が出会いを遠ざける

出会いがない、ご縁がない、チャンスがない——。

そんなふうに感じている人もいるでしょう。

寄りかかる相手を求めていると、ますます出会える確率は少なくなります。ご縁もチャンスも遠のきます。

なぜなら、これからは寄りかかり合う関係ではなく、お互いに自立した状態で自由にかかわる関係性へとシフトするため、そういう人が増えていくからです。

自立している人は、魅力的です。同性、異性問わず、慕われます。

そして、自立している人は、寄りかかろうとする人を寄せつけません。

寄りかかりたい人にとっては、自分も寄りかかれるので魅力がありますが、自立している人にとってはまったく魅力がないので見向きもしなくなります。

そのため、この先も寄りかかり合う関係を望み続けていれば、「あれ？　どんどん出会いが少なくなっていくわ」と感じることになるのです。

あなたの無価値感がトラブルを引き寄せていた

意地悪をされる、嫌がらせを受ける、あるいは痴漢に遭《あ》う――僕たちは、自分にとって好ましくない、ひどい仕打ちを受けることがあります。そんなとき、実は、自分がそうした出来事を受け入れるエネルギーを出してしまっていることに気づく必要があります。

言い換えると、意地悪をされること、嫌がらせされること、痴漢されることを許してしまっているということです。

このことは受け入れがたいかもしれません。

「え？　そんなこと、許してるわけないじゃない！」「嫌に決まっているじゃない？　だから悩んでるんです！」と。

でも、心の奥深いところを見ていくと、「どうせ自分なんて……」と思っていたり、「自分は、そういうことをされても仕方がない存在なんだ」と自分自身を低く見積もっていたりするのです。

つまりは、自己肯定感がものすごく低いということ。自分に対して無価値感を抱いているのです。これは深いところで起きている感情なので、表面的には捉えられないかもしれません。

だから、頭では「そんなひどい仕打ちを受けることを、自分で認めているわけがないじゃない」と思うのです。でも、心の奥深いところでは「どうせ自分なんて」「仕方がない」とひどい仕打ちを受けることを許可しているので、そういう相手を引き寄せてしまい、被害の対象になりやすくなるのです。

シンプルに言うなら、「自尊心が低い人」がそういうトラブルに見舞われます。

ここで大切なポイントは、トラブルに見舞われるから、自尊心が低くなるわけではないということ。もともと「自分なんて……」という意識を持っているから、トラブルを引き寄せてしまうのです。

対処できても、引き寄せ体質は変わらない

本来は、自分の中に持っている無価値感や自尊心の低さに気づき、手放していくことができれば、引き寄せの起点がなくなるので、意地悪や嫌がらせ、痴漢といったトラブルに見舞われることはなくなっていきます。

ところが、自分自身の中に引き寄せているものがあることに気づかないままだと、「どうして私がこんな目に遭うんだろう」と、ますます自尊心を低下させていき、さらなるトラブルを引き寄せてしまうのです。

ちなみに、痴漢に遭ったときに「この人、痴漢です」「何やっているんですか?」などとその場で声を上げることができたとします。

それは、すでに起きた出来事に対処するという意味ではいいのですが、あくまで「対処に過ぎない」ということです。

トラブルに見舞われたときに声を上げられたからといって、自分の中でそのトラブルを引き寄せているものがクリアになるわけではありません。だから、「捕まってよかった」で終わりにしてしまうと、再び同じような人を引き寄せてしまうのです。

被害に遭いやすい人

世の中にはなぜか、意地悪をされやすい、嫌がらせを受けやすい、痴漢に遭いやすい人っていますよね。

たとえば、職場でいじめやパワハラに遭って転職したけれど、新たな職場でもまた同じようなことに巻き込まれてしまう、とか。恋愛にしても、束縛が強い、DV癖のある恋人とやっとの思いで別れて、今度は絶対に対等に付き合える、自分を大事にしてくれる人を見つけようと心に誓ったのに、いいなと思って新たに付き合った人がまた同じようなタイプだった、とか。

これらもまた〝人〟の字のように、寄りかかっている、倒れ合っている関係性なのです。

「どうせ自分なんて……」と、ひどい仕打ちを受けることにＯＫを出している人がいる一方で、意地悪や嫌がらせをしたい人、他人を虐《しいた》げたくてたまらない人も、世の中にはいます。

なぜなら、こういう人もまた、誰かを虐げることによって自分の中の何かを埋めよう、満たそうとしている、無価値感の強い人なのです。

だから、無価値感を持つもの同士が何らかのシチュエーションで出会い、その凸凹がガチッとはまったときに、「いじめる／いじめられる」「束縛する／束縛される」といった構図が成り立つのです。

痴漢にしても、「自分なんて……」と思っていると、痴漢をしたいという欲望を持っている人と共鳴してしまいます。それは、ある種の〝的〟を持っているようなものなので、的を撃ちたい人から「あ、あの人だったらいいかも」と勘づかれて、近寄ってこられるということが起こるのです。

心の奥底にある「どうせ自分なんて……」という思い、ひどい仕打ちを受けることを自分で自分に許してしまっていることにちゃんと意識を向けて、そのあり方を手放していかない限り、相手を変えようが、場所を変えようが、手を替え品を替え、トラブルが寄ってきてしまいます。

なぜか、怒られる・許されない人

もう一つ、例を挙げましょう。

同じことを言ったときに、Aさんだったら咎《とが》められるのにBさんだったら許されるといったことってありますよね。あるいは、クラスの中で同じことをしているのに、なぜか同じ子ばかりが怒られてしまう、とか。「何で、いつも自分ばかりが怒られるんだろう」と悩んでいる人もいるでしょう。

この人が言うと許されるのに、あの人が言うと許されない。そうしたことはよくあるものです。

なぜか許されない人に共通しているのも、やっぱり、その人自身の中に無価値感があることです。

自分に自信がない、自分に価値を見出せない、自分を大切にできない、そういう思いを根底に持っている人は、他人からも責められる傾向が強くなるのですね。何かの折にターゲットにされやすいのです。

だから、同じことをしていても、自己肯定感の高い人よりも、どうしても自己肯定感の低い人のほうに矢は飛んできます。

矢を飛ばしたい人は、「この人は自己肯定感が低い」「あの人は高い」と意識的にわかっているわけではありません。でも、雰囲気などからなんとなく察知して、なぜか、自己肯定感の低い人には強く言いやすいのです。

結局、なぜか許されない人、なぜか怒られやすい人というのは、相手を責めたい人、怒りたい人と、いびつな凸凹がガチッとはまってしまっているわけです。

期待しすぎるから騙される

騙されやすい人と騙す人の間にも、同じような構図があります。

騙そうとする人は、相手に受け入れてもらえるように、まとう雰囲気やエネルギーを装います。優しい雰囲気を装ったり、人懐っこい雰囲気を装ったり。

でも、それは本人の内側から出ているものではなく、装っているものですから、長続きはしません。冷静にその人の言動を見ていると、ちぐはぐなことがわかります。

ところが、優しさを求めていたり、人懐っこさや人とのかかわりを強く求めていたりすると、そういう雰囲気を装っている人がものすごくいい人に見えてしまうのです。

そして、自分の中では「やめときなさいよ、それ以上進むのは。なんか怪しいわよ」という警告のサインが出ているはずなのに、「いいえ！　この人はそんな人じゃない」と気づかないふりをしてしまう。

そうして、騙し、騙されるという関係性が成立するのです。

誰かがあなたを満たすことはない

相手に優しさや人懐っこさを求めるというのは、相手に期待するということです。そして相手に対する期待は、自分が自立していないことの表われとして起きてきます。

自分が満たされていない、何かが足りていない、欠けている、そういう感覚がぬぐえないから——本来は何も欠けてなどいないのですが——それを埋めようと、相手に期待するのです。「この人だったら満たしてくれるんじゃないか」と、期待するわけですね。

でも、実際は、欠けているように感じた部分を埋める、満たすことは自分にしかできません。どんなにパワーのある人でも、どんなに魅力的な人でも、自分以外を満たすことはできないのです。

だから、自分以外の誰かに期待している限り、いつまで経っても、満たされることはありません。

満たしてくれる人を探す放浪の旅が、永遠に続くことになります。その旅はこの人生では終わらず、次の人生に持ち越されることになるかもしれません。

でも、「あ、自分にしかできないんだ」と、とっとと気づいて、自分で自分を満たしてあげることができたら、そこから豊かな人生を紡《つむ》ぎ出していくことができます。

プロポーズの言葉に「一生幸せにするね」とか、「幸せにしてね」といったフレーズがよくありますが、残念ながら、それはあり得ないのです。

自分を幸せにできるのは自分だけ。誰かに幸せにしてもらうことは不可能なのです。

カルマを解消することで成長する

スピリチュアル的な観点からみると、過去世での関係がネガティブなカルマとなって現在の寄りかかり合う関係性をつくっていることもよくあります。

たとえば、自分の子どもに対して愛しているはずなのに冷たくあたってしまう、手を上げてしまう人がいるとします。その背景には、実は、前世では親と子の関係が逆で、虐待を受けていたといったつながりがあったりします。

そうすると、前世での辛い記憶が心の奥底には残っているため、親子の関係が逆転した現世で、その恨みを晴らそうとしてしまうのです。

でも、やられたらやり返すというあり方を続けている限り、カルマの連鎖は永遠に終わりません。来世ではまた自分が〝やられる側〟を体験することになるかもしれません。

そうではなく、手を上げそうになったときに、冷たくあたりそうになったときに「これではいけない」「こんなことはもうやめよう」と自分に向き合うことができれば、カルマは解消されて、新たな関係を築いていくことができるのです。

あるいは、過去世でお互いにきちんと意見の交換をしなかった、思っていることをちゃんと伝えなかったという後悔があったとします。そうすると、今世ではお互いにちゃんと向き合って必要なことを伝える、表現する、思っていることを言葉にすることがカルマを解消していくうえで大事なポイントになります。

そのため、言い合いをせざるを得ないような状況がガンガン起こったりするのです。ただ、それは決して悪いことではありません。

そこで感情のぶつけ合いに終始してしまうと、ただ摩擦を大きくするだけで、ネガティブな結果に終わってしまう可能性もありますが、「これはお互いに向き合って、自分の気持ちを正直に、調和を持って表現していくチャンスなんだな」とポジティブに捉えることができると、カルマを解消して次の段階に進むことができます。

そうすると、ネガティブなカルマのつながりで寄りかかり合って、言い争いが絶えなかったような関係から、それぞれが自立した関係にシフトしていくことができるのです。

その結果、今までとは違って穏やかな関係が築かれていくかもしれませんし、あるいは、お互いにまったく別の道を歩み、この人生ではもう会うことはないかもしれません。

それでも、お互いの間に抱えているカルマを解消していくことは、人生を先に進めていくうえでは絶対に必要なことなのです。


家族やパートナーといった一緒にいる時間の長い人は、魂の経験値の部分で何らか引き合うものを必ず持っています。つまり、過去世から持ち越しているカルマがあるということです。

そのカルマを解消することは成長することを意味しています。だからこそ、かかわる相手は自分の成長にとって必要な人であり、出会うべくして出会っているのですが、カルマの解消には何らかのトラブルがつきもの。

だから、「あー、家族って面倒くさい！」と思うようなことが起きたりするのですが、それはあなたに「学ぶべきことはこれですよ」「自立するために、ここを変える必要がありますよ」と教えてくれているのです。

信頼して放っておく

このように、引き寄せ合っている要因はさまざまですが、すべての人間関係の問題は、寄りかかり合っている、倒れ合っていることから生じています。

だからこそ、誤解を恐れずに言えば、心地よい人間関係を築きたいと思ったら、相手を信頼して放っておくことです。

よく、人間関係は思いやりが大事、面倒を見ることが大事、声かけが大事などと言われたりしますが、もちろん、それらは間違っていません。でも、余計なお節介や大きなお世話といったことと、思いやりなどを混同していることもありますよね。

僕の言う「放っておく」とは、たとえば、相手から助けを求められていなくて、こちらも助けようとしない、ということです。「助けてほしい」と言われたときに、あなたが

「助けてあげたい」と思えば、手を差し伸べるのはもちろんOKです。

でも、「助けてほしい」と言われたわけでもないのに、大変そうに見えるものを取り除いてあげようとしたり、先回りしてやってあげたりすることは、また別の話です。それは、優しさから出た行動かもしれませんし、思いやりからかもしれません。

けれども、それを体験する必要が、その人にはあるかもしれないのです。なぜなら、そこで体験することは、その人の人生の学びのテーマにかかわっていることかもしれないのですから。

「大変そう」だからと言って、助けよう、助けようとすれば、その体験を通して得られる学びを取り上げることになり、その人が健全に成長していくタイミングを奪ってしまうことにもなりかねません。

その結果、何が起き得るでしょうか?

依存です。

きっと、また助けてもらえる、困ったら代わりにやってくれるに違いない——。そういう期待が芽生え、執着が始まります。そして、お互いが密になり癒着して、それが続けば、やがて共倒れしてしまうでしょう。

そうやって、関係性がアンバランスになっていくわけです。

だから、本当に風通しのいい人間関係をつくるには、いい意味で放っておくことが大事なのです。

もちろん、放っておくというのは、フンッと冷たくすることではありません。

ただ、自分に集中するということです。

自分が、心地よく、楽しく、喜びに満ちて生きていられるように。そして、自分軸に立ってまっすぐに進んでいくように、意識すること。

そうしたあり方をみんなができるようになることで、それぞれが、自然に健全な距離感を感じ取ることができるようになります。

すると、「あ、これはお節介だな」「なんか私、今、余計なことをしてる気がする」などとわかるので、そのときには少し引いてみればいいのです。すると、健全なバランスが復活し、新たな、風通しのよい人間関係にシフトしていくことができます。

自分に集中する

僕たちが抱える悩みの大部分を占めているのが、人間関係です。

では、心地よく、豊かな人間関係を築くために何が大切なのでしょうか？　結局は自分に集中することなのです。

そもそも、自分のことは自分にしかわからないように、相手のことも相手にしかわかりません。たとえ50年連れ添ったパートナーでも、その人のすべてはわかりません。人間というのは、そんなに薄っぺらい存在ではないのです。

どんなに身近に感じている人であっても、相手のことは相手にしかわからないのですから、いい意味で放っておいて、自分のことに集中しましょう。

自分が満たされていれば、誰の前でもリラックスしていられます。

誰の前でもありのままの自分を表現できるようになります。

周りとも健全なバランスと距離感でかかわることができるようになります。

倒れ合う関係性ではなく、自立した一人の人間として、人とかかわることができるようになります。

自分がちゃんと自立できていれば、自分のポテンシャルを最大限に引き出せ、その場で必要な言葉がけも自然にできるようになります。

そうすれば、相手に振り回されたり、相手を振り回したり、人間関係の悩みに煩《わずら》わされることは一切なくなります。

人間関係やコミュニケーションの悩みを抱えているのなら、相手のほうに向けている意識を、自分に向け直しましょう。そして自分に集中し、本当の意味で自立していきましょう。

そのために、まずは自分との関係をよくすることが最優先であることを、心に留めておいていただけたらと思います。

第2章

トラブルに巻き込まれない生き方

自分を大事にするということ

第1章では、これまでの寄りかかり合う関係性を卒業して、一人ひとりが自立したあり方でかかわり合う、風通しのよい、軽やかな人間関係を目指しましょう、とお伝えました。

一人ひとりが「自立している」ことが大切なポイントですが、そもそも「自立している」とはどういうことでしょうか。

経済力があるから自立している、専業主婦や学生で経済的にパートナーや親に頼っているから自立していない、ということでは決してありません。たとえば、定年退職した途端に、どうやって生きていけばいいのか、どう毎日を過ごせばいいのかわからなくなった、という人がいますよね。そういう人は、会社や肩書に依存していたのです。

なので、お金のあるなしでも、仕事のあるなしでもありません。

ここでいう自立しているとは、言い換えるなら、自分で自分を大事にしている、自分で自分の面倒を見られる、そして自分の人生の責任は100%自分で負うということです。

自分のことを大事にするなんて当たり前のように思うかもしれませんが、意外にも、自分よりも周りを、自分よりも他人を、自分よりも相手を優先してしまうことはよくあります。謙虚という言い方が正しいかはわかりませんが、本音では「Aがいいな」と思っていても、周りが「Bのほうがいいよね」と言っているのを聞くと、つい「そうだね」と合わせてしまう、という。

今日一日を振り返っても、相手を立てるために自分の思いに蓋《ふた》をしたり、自分の本音を巧《たく》みに隠したりした場面があったのではないでしょうか。

自分の本当の思いとは違っていても、「周りの人たちがいい気分になるならいいか」とか、「相手から否定されなければいいや」など、エセの調和でＯＫを出したりしませんでしたか？

そもそも、「自分よりも相手の気持ちを優先しましょう」「まずは相手の気持ちを考えることが大切」という風潮がありましたよね。学校でもそう教えられてきませんでしたか？

少なくとも僕は、幼稚園のときからそんなふうに言われてきました。

「ねえ、並木くん、まずはお友だちのことを考えてあげてね」と。

「え、なんで？」と、ものすごく疑問でした。

たとえば、おもちゃで遊び始めると、先生から「お友だちに貸してあげてね」と言われるわけです。「え、今、僕が遊んでいるのに……」と思いながら、そのおもちゃを渡していました。

こうしたやり方は、相手のことは大事にしているかもしれませんが、自分のことは大事にしていません。

「BよりもAがいい」「もう少し遊びたい」といった、自分の気持ちはどうなるのでしょうか。そのときにあなたが思っていることを表現しなければ、それはどこかに行ってしまいます。〝今ここ〟で感じていることを表現しないと、忘れ去られてしまうのです。

そして、自分の気持ちを抑え込んで周りを優先することをずっと続けていると、次第に、自分が何を感じているのかさえ、わからなくなってしまいます。

「何を食べたい？」「私はなんでもいいよ」

「何をしたい？」「みんなは？　みんながしたいのでいいよ」

「あなたはどうしたいの？」「え……うーん、わからない」

そんなふうに、迷いの森に入り込んでしまうのです。

本音で存在しなければ、自分とズレていく

ずっと本音で生きてきたという人も、中にはいるかもしれません。でも、かなり稀なケースでしょう。少なくとも、人間関係やコミュニケーションの悩みを大なり小なり抱えてこの本を手に取ってくださった方は、本音を表現し、自分を大切にしてこられなかったからこそ、本当の意味で自立することができず、迷ってしまっているのだと思います。

本音で生きていないと何が起きるかといえば、自分とズレていきます。

自分が自分とズレていく。なんだか不思議な話ですよね。

もう少し正確にお伝えすると、自分が〝自分の本質〟とズレるのです。

「周りがこう言ってるから」とか、「他人が見てるから」とか、「相手はこう思うんじゃないかしら」と、他人のことばかりを気にしていると、どんどん自分が自分からズレていき、自分の本質と一致しなくなっていきます。

そうして、あなたが表現するあらゆることに真実味が伴わないようになるのです。

あなたの肉体が神社のお社《やしろ》だと想像してみてください。そこには通常、神さんが宿って

いるわけですよね。神さんが宿ることで、初めて神社は成り立ちます。

あなたという肉体のお社に、あなたの本質がズレてしまってご不在だったらどうでしょう。その状態で表現しても、神さんの宿っていないお社のようなもので、リアルな存在感が感じられない、空虚なものになってしまうのです。

だから、あなたがちゃんと自分に一致していることが何よりも大切なのです。

自分が自分にしっかりと一致しながら表現することが、本当のコミュニケーションのスタートだと理解してください。

エネルギーが漏れるから疲れる

本音で存在しなければ、あなたのエネルギーはどんどん外に漏《も》れていきます。

逆に本音で存在していると、エネルギーは満ちていきます。

なぜなら、あなたが本音で生きている、もしくは本音を表現しているときは、自分と一致しているからです。そして、自分の本質こそがエネルギーの供給源そのものなのです。

だから、自分につながっていけばいくほどに、エネルギーは満ちてくることになります。

このことは誰もが体験的に知っているのではないでしょうか？

気心の知れた友人と一緒にいるときには、ありのままの自分でいられて、元気になりますよね。一方で、苦手な相手、気を遣う相手と一緒にいると、「相手を立てなきゃ」「相手はどう思っているかな」などと相手の顔色をうかがってばかりで自分の本音を押し隠してしまうので、ドッと疲れるでしょう。

つまり、自分の本音を言わなかったり、認めてあげなかったとき、自分の本当の気持ちを無視したときに、僕たちは自分とズレていきます。それはエネルギーの供給源から離れることを意味するので、どんどんエネルギーが枯渇《こかつ》していくのです。

また、自分と一致し、エネルギーが満たされると、波動も上がります。

すると、視点が上がり、視野が広がる分、それまでよりも認識力や知覚力、そして感性も鋭くなります。それに伴い、直観力にも磨きがかかるでしょう。こうして、今までにはない、モノの見方や捉え方、考えつかなかったようなアイデアや気づきが生まれるようになるわけです。

自分の本質とつながり、本当の自分と一致して生きるというのは、内に閉じこもることではなく、メタの視点へとシフトすることなのです。

「わがまま」と「ありのまま」は別もの

「本音を表現しなければ自分とズレていく。だから、自分が思っていること、感じていることをちゃんと表現して、自分と一致してコミュニケーションを取りましょう」と伝えると、必ず、こんな質問を受けます。

「ありのままの自分と、わがままの違いがわかりません。言いたいことを遠慮なく言っていたら、わがままに思われませんか？」

その時々で表現は違いますが、「ありのままでいることは、わがままにはならないか？」という質問を必ずと言っていいほど受けます。

それまで「相手の気持ちを優先しましょう」「自分よりも周りのことを考えましょう」と教わって育ってきた人ほど、自分を優先すること、自分の本音を表現することに抵抗や戸惑いを感じるのでしょう。

大切なのは〝思いやり〟があるかどうかです。

自己表現するときに、そこに思いやりが添えられているかどうか。

「思いやりって、外向きですよね？」と聞かれたことがありましたが、そうではありません。「思いやるのは自分」ですよね。自分が、相手への愛や敬意を持つことが思いやりなのです。

たとえば、自分と一致してコミュニケーションを取ると言っても、「バカ」と思ったから「バカ」と伝えるということではありません。そこに思いやりがあれば、たとえば「おバカ」という表現になってみたり、全然違う言葉になったりするでしょう。

そんなふうに言い方を上手に工夫したうえで本音を表現することは、わがままではありません。

単なるわがままというのは、自分の表現に関して、責任を持たない「無責任なあり方」を言います。自分の言動によって、どんな結果が想像できうるのか、という想像力の欠如こそが、わがままなのです。だからこそ、そこには思いやりが必要であり、思いやりとは、まさに、「その先を想像できる力」そのものです。

そうして、ありのままの自分を表現すると、同じことを言っていても、相手に伝わる〝音〟が変わるのです。

「嫌われたくない」と「謙虚さ」は違う

謙虚であることを美徳だと感じている人もいるかもしれませんが、本当に謙虚な振る舞いというのは、自分の本質につながっていればこそ可能であると言えるでしょう。

謙虚さとは、自分を取り巻くエネルギーを読む（俯瞰《ふかん》する）ことです。

「え、それって矛盾してないですか？」「自分を大切にすることと逆じゃないですか？」と思うかもしれませんが、少しお付き合いくださいね。

周囲のエネルギーを読むことができて初めて、僕たちは自分の心地よい立ち位置を理解することができます。今、この瞬間に何が起きているのか、それを把握したうえで「自分の心地よい立ち位置はここだな」と捉えたうえで振る舞うのが謙虚であるということです。

たとえば、あなたが今、感じていることがあって、それを今言うべきか、言わざるべきか、すべてはタイミングです。〝聖なるタイミング〟と言ってもいいでしょう。

このタイミングをしっかり捉えるために、謙虚さを使うのです。

自分につながっているからこそ、視野が広がり、全体のエネルギーの流れを捉えることができます。そのうえで、本音でありながらも上手に立ち振る舞うことができる。これが本当の謙虚さなのです。


多くの人は、自分がでしゃばることで嫌われたくない、本音を表現することで相手に嫌われたくない、否定されたくないという「恐怖」や「不安」がベースになっています。つまり、ネガティブな思いから、自分の本音を表現することを控えているのです。

これは、謙虚さとはまったく違います。そこを勘違いしてしまうと、あなたはもっとズレていくことになります。

自分と一致し、全体のエネルギーを読んだうえで、「今は言うべきではないな」「あ、今言ったほうがいいな」とタイミングを捉えることと、恐怖や不安をベースにして本音を控えることは、どちらも同じように謙虚な振る舞いに見えるかもしれません。でも、このように両者はまったく別のものなのです。

自分は「今、どうしたい？」

ここからは、「本当の意味で自立するには」ということを、特にお話ししていきたいと思います。

まずは、自分とのつながりを取り戻していきましょう。

そのために日常でできるいちばん簡単な方法は、自分で自分に質問してあげることです。自分を大事にすることは、自身の内にある本当に些細《ささい》な、ちょっとした思いや感情も無視せずに大切にしようとする意識から始まります。

ニュースを見たり、人の話を聞いたり、本を読んだりと、新たな情報に触れたときに「へえ、そうなんだ」と、そのまま鵜呑《うの》みにするのではなく、「私は、どう思う？」「私は、どう感じる？」と自分に聞いてみるのです。

たとえば、誰かが「自分はこう思うんだよね」と話していたとしますよね。そのときに、心の中でいいので、「私だったらこう思うかな」「もし私がそれを聞かれたら、自分だったらどう答えるかな？」などと、「私だったら」に意識を向けます。

新しい情報に触れたときだけではなく、ふとしたときに立ち止まって、自問自答するのもいい習慣です。日常、自分に意識を向けて「今、何を感じてる？」「今、どうしたいと思ってる？」と、自分に問いかける時間をつくってあげるのです。

そして「今これをやりたいと思ってる。でも、物理的にちょっと難しいな」などと思ったら、「じゃあ、いつやる？」とさらに問いかけて、「秋以降かな」などと、また自分の考えに耳を傾けてあげます。こんなふうに、自問自答を繰り返してみてください。

自分とのつながりが希薄になっていると、はじめのうちは、「どうしたい？」といったシンプルな問いかけにも、すぐには答えられないかもしれません。

「あの人はどう思うだろう」「世の中的にはどうなんだろう」といったことばかり気にしていると、自分の思いはかき消されてしまうのです。

多くの人は外の声を聞くことに耳がダンボになっていて、自分の内側の声を聞くための耳は小さく小さくなっています。

でも、「私は？」「私だったら？」と問いかけることを続けていくうちに、少しずつ変化が起き始めます。

「私、こんなことを思ってたんだ」「こういうときに楽しいと感じるんだ」などと、いろいろな気づきが出てくるのです。ときには、何年も前の記憶が引き出されたり、忘れ去っていた感情がよみがえってきたりすることもあるでしょう。さまざまな形で、自分を知ることになるでしょう。

自分とのつながりを取り戻す、簡単にできて効果的な方法の一つなので、ぜひ試してみてください。

したいことに、行動を一致させていく

「今、何がしたい？」と自分に問いかけ、心の声に気づけるようになってきたら、今度は、その思いに行動を一致させていきましょう。

朝起きたときに「今日どんな気分？」「どんな一日にしたい？」「今日は何をやりたい？」と自分の気持ちを確かめて、それに行動を一致させていくことで一日をスタートさせるのも、自分軸に一致していくのにとても役立つ習慣です。

このときにポイントとなるのが、ポジティブな感覚に従うこと。僕がいつもお伝えしているのは、〝こひしたふわよ（恋い慕うわよ）〟という7つのサインです。

こ……心地よい
ひ……惹《ひ》かれる
し……しっくりくる（すっきりする）
た……楽しい
ふ……腑に落ちる
わ……ワクワクする
よ……喜びを感じる

自分の中に湧き上がってくるこうしたポジティブな感情は「今のあなたにとって正しい道ですよ」というサインです。

「自分が心地よいことって何？」「惹かれることって何？」「しっくりくることって何？」「楽しいことって何？」「腑に落ちることって何？」「ワクワクすることって何？」「喜びを感じることって何？」と問いかけて、それに行動を一致させていくのです。と言っても、そんなに大仰《おおぎょう》に考える必要はありません。

仕事や家事の合間にコーヒーを飲むのか、お茶を飲むのか、チャイを飲むのか、どれがいちばんワクワクするかなと問いかけて、「チャイだな」と思ったら、チャイを飲む。

片付けの最中に急に音楽をかけて踊りたくなったら、踊ってみる。

「今、何したい？」「横になりたい」と感じたら、「昼間だし」「まだやるべきことが終わってないし」などとあれこれ考えずに、10分だけでもいいので横になってみるのです。

そんな些細なことからで構いませんので、自分の感覚に行動を一致させていってください。それを続けていくうちに、本当の自分につながるとはどういう感覚なのかが、わかるようになるでしょう。

もし、間違ったワクワクだったら？

〝こひしたふわよ〟というポジティブな感覚に一致して日々行動してくださいね、とお伝えすると、こんな質問を受けることがあります。

「間違ったワクワクだったらどうするんですか？」

「本当にしっくりきているのか、自信が持てないんですけど……」

ワクワクも、しっくりくる感覚も、「心地よい」や「惹かれる」、そして「楽しい」も、すべて自分にしかわかりません。でも、だからこそ、「合っているのかな」「本当に？」と、頭の中でグルグル考えてしまうのでしょう。

でも、ここで「本当に正しい？」「間違ってる？」と考え始めると、迷いの森から抜けられなくなってしまいます。まずは、ワクワクしたら動きましょう。「あ、しっくりくるかも」と感じたら動きましょう。

たとえそのワクワク、しっくり感が勘違いだったとしても、ワクワクやしっくりといった「こひしたふわよ」の感覚を追いかけ続けていると、ちゃんと軌道修正され、本当のワクワク、本当のしっくりに一致することになります。

だから、「間違っていたらどうしよう」という不安や恐怖は手放して、まずは自分が感じた感覚に従って行動してみることが大切です。

ただ、「この人が一緒だとワクワクする」など、人を巻き込んだワクワクにはちょっと注意が必要です。

「Aさんが一緒だとワクワクするな。Aさんを誘いたいな」と思って、さっそく行動に移し、Aさんを誘うのはもちろんOKです。

でも、誘ったときに「私は行かないよ」と言われたら、「なんで？ 行こうよ。私はAさんが一緒のほうが楽しいのに」などと、相手を巻き込もうとしないでください。それは相手への執着、依存になります。

あくまでも、自分がワクワクすることに自分が一致することが大切であって、相手を一致させることではありません。そこだけ、注意していただけたらと思います。

思いを言葉に出してみる

「今、何がしたい？」「今、どんな気分？」と自分に問いかけたら、感じたことを声に出して表現することも大切です。

たとえば、友人や同僚とランチに行くことになって「どうする？　どこに行きたい？」と話し合っているとき。自分以外の３人は「イタリアンがいいな」と言っている中で、自分は「中華がいいな」と思ったとしましょう。そこで「私は中華がいいな」と表現してみるのです。

結果的に、イタリアンに行く流れになっても、まったく構いません。ただ、自分の思いを表現してみることがとても大事なのです。

「みんなはイタリアンがいいと言っているんだから、わざわざ違う意見なんか言わないようにしておこう」と、自分の気持ちに蓋をしていると、どんどん自分を見失っていくことになります。

もしその場で言えなかったのなら、心の中で「私は中華がいい」と、自分の思いを認めてあげましょう。それだけでも、自分とのつながりが深まります。

ただ、自分の心の中だけで「私は中華がいい」と認めることと、「私は中華がいいな」と声に出して表現することは、そのパワフルさがまったく違います。実際にやってみるとよくわかりますが、やっぱり声に出して表現したほうが、自分への一致感をパワフルに感じられるのです。

やりたくないことは「やりたくない」と伝える

また、やりたいことがわからないときには、とりあえず、やりたくないことをやめてみることが、よいアクションになるでしょう。

たとえば、「この会議は自分が出ても意味がないな」と感じたら、「こういう理由で私は出ません」と伝えるとか、気が乗らない誘いには「今回はやめておくね」と断る、というのが、それにあたります。難しく感じますか？

また、誰かと話していて、居心地の悪さを感じたときに、話題を変える提案をしたり、それが難しいなら、タイミングを見計らって、会話の輪から抜け出すのもその一つです。

たとえば、ママ友や職場の同僚と話していて、お姑さんやパートナー、家族への愚痴が始まったとします。話は終わりそうにないし、聞いていて楽しくもないし、心地よくもないと思ったら、「愚痴を言い続けてても、問題は解決しない、心地もよくないから、もっと楽しい話をしない？」などと、自分の気持ちを伝えていいのです。

あるいは、「なんかね、愚痴とかネガティブなことばかり言ってると運気が下がるんだって！　だから5分だけにしよっか」などと言って、5分経ったら「はい、終了！　他の話をしよう」と言って、違う話題に切り替えてしまうのもありです。

そんなふうに、少しずつでいいので自分の気持ちを伝えていく練習をしていくと、次第に会話の途中でも「心地よくないな」と思ったら、「あ、ごめんなさい。ちょっと私はここで」と、さっと離れられるようになります。

邪魔する感情を手放す

自分の気持ちを表現するとき、自分の心の声に行動を一致させるときに、何らかの感情が邪魔することもあるでしょう。それは「恥ずかしい」という恥の意識かもしれませんし、「こんなこと言っていいのかな……」「これを伝えたら、どう思われるだろう？」といった不安や恐れかもしれません。

そうしたブロックとなるものを外していくと、スッと自然に自分を表現できるようになります。

と言っても、簡単に外せないから悩んでいるのですよね。

でも、本当は、手放すのはとても簡単なことなのです。


恥にしても不安や恐れにしても、僕たちは「恥ずかしいと感じる」とか「不安（恐れ）を感じる」といった表現を使いますよね。このとき、外の現実によって恥ずかしいと感じさせられている、不安（恐れ）を感じさせられているという意識があると思います。つまり、原因は外にある、と。


でも真実はそうではありません。何らかの感情を感じるということは、その周波数に自らチャンネルを合わせて使っているということなのです。

僕たちは、自分の中にいろいろな周波数を持っています。喜びやワクワク、安心もあれば恥や不安、恐れ、悲しみなどの周波数もあるわけです。

恥ずかしくて自分を出せないというときには、自分の中にいろいろな周波数の感情がある中で、恥という周波数にわざわざ自分でチャンネルを合わせて使っています。そうでなければ、その感情を感じることはできません。

「え？　恥なんてわざわざ選んでない」「好き好んで誰がネガティブな感情を選ぶわけ？」と言いたくなる人もいるでしょう。

でも、自分で選んで使っているからこそ、手放すこともできるのです。

自分で選んで使っていることを認めなければ、手放すという選択肢は出てきません。この「認める」ということが、手放すための最初のステップです。

手放すための３つのステップ

恥ずかしいという感情をはじめとした、ネガティブな感情を手放したいときは、この方法を使ってみてください。

①まずは、「恥を使っていることを認められる？」と自分に聞いてあげます。

そして、認められたら「イエス」と答えます。

このとき、自分が感じている感覚に意識を向けて、片手を握り、その握った手に自分が使っている恥という周波数のエネルギーを流し込むイメージをします。

②次のステップは、許可すること。

自分で使っていることを認められて初めて、それを使い続けるか、手放すかという2つの選択肢が出てきます。

「あなたはどっちを選ぶの？　でも今こうやって自問自答しているということは手放したいということだよね。じゃあ、手放すということでＯＫ？」

そう、自分に許可を求めるのです。そして「ＯＫ」と自分で答えたら、握った手の中にエネルギーが集まっていきます。これで2つめのステップの完了です。

③そして最後に、手放します。

「じゃあ今、手放そう」と言って、握っている手を下に向けてパッと開くのです。すると、自分が使っていた周波数がストンと落ちていきます。本当に落ちていくのです。これは、やっていただくとわかります。

恥ずかしいという感情も、不安や恐れといった感情も、それを感じたときにこの3つのステップで手放していけば、どんどん自分の意識が軽くなるのがわかります。このプロセスは2回ほど繰り返すといいでしょう。手放した後は、その都度、深呼吸をして、自分をバランスさせてください。

「恥ずかしい」が手放せないときには

手放すのにいちばんよいタイミングは、その感情を感じたときです。なぜなら、「恥ずかしい」という思いにしても、不安や恐れにしても、それを感じたということは「ここ（自分の内側）に、恥（不安、恐れ）を持ってるよ」と教えてくれている状態なので、そのサインが出てきたときに手放すのがもっとも効果的なのです。

そうは言っても、たとえば、人前で話をするときにすごく緊張して、恥ずかしさを感じていたりすると、もう「恥ずかしい」一色になってしまいますよね。恥ずかしいという周波数に完全に一致しているときに自問自答する余裕はないかもしれません。

そんなとき、もう一つのやり方として、自分を客観的に見る視点を持つという方法があります。そうすると、恥ずかしいという意識から少し離れることができるのです。

人前で話をすることになって「恥ずかしい」「緊張する」という思いが強く出てきたら、その瞬間に「今すごく緊張が高まってる」「ものすごく恥ずかしくて、頬が紅潮してきてる」「手に汗握り始めた」などと、自分を実況中継するように、外側から眺めるような意識で自分を観察してみてください。

すると、「恥ずかしい」という周波数にピタッと重なった状態から、少しずつ離れ始めます。そうして、「恥ずかしい」という意識が少しずつ薄らいでいくのです。

その状態で、先ほどの3つのステップを行なうと、ごっそり手放すことができるでしょう。

一人でいるのが気になる人の心理

大事なことなので繰り返しお伝えしますが、「恥ずかしい」と感じるとき、外の現実によって恥ずかしいという感情が生まれているわけではありません。もともと「恥ずかしい」という周波数を持っているから、何かをきっかけにして出てくるのです。

それは、不安であれ、恐れであれ、焦りであれ、すべて同じです。

たとえば、本音を表現したくても相手に批判されるのが怖い、と思ったとしましょう。

それは、その人の中に批判の意識があるから、そう思うのです。もしもその人の中に批判という概念が一切なかったら、批判されていると感じることさえできません。

批判されること、否定されることに恐怖を感じるときには、自分の中にもそれらの周波数があることを意味していて、「あなたも、もれなく持っていますよ」と教えてくれているのです。

あるいは、このたとえのほうがわかりやすいかもしれません。

レストランで一人で食事をしている人がいて、周りのほとんどの人は何も気にしていないのに、ある人だけが「ねえねえ、見て。あの人、一人だよ」と、妙に気にしていたとします。

この人はなぜ一人でいる人が気になるのかというと、自分が一人になることをいちばん恐れているからです。なにより一人になりたくないと思っているのです。

「あの人、一人だよ」という言葉の裏には、「よかった。私は一人じゃなくて」という思いが隠れています。

同じように、「あの人、絶対私のことを○○と思ってるよ」などと言うことがありますよね。それは、その人自身が他の人に対してそう思うから、相手もそう思っていると思うのです。

人のふり見て我がふり直せという言葉がありますが、まさにその通りです。

人は鏡。もっと言えば、現実は、世界は、鏡そのものなのです。

「ねえねえ、あなた、それ持ってるよ」「それを握ってるよ」と教えてくれる鏡。

だから、何かをしようとしたとき、表現しようとしたときにブロックになるような状況や人が現われたら、ラッキーと思ってください。その出来事を通して捉えたものを手放していけばいくほど、あなたは自由に自分を表現できるようになります。

感情は玉ねぎの皮

このことは、一度聞いただけでは理解しづらいかもしれません。

でも、そもそも自分の中にあるものしか出てきません。オレンジをギューッと搾ればオレンジの果汁が出てきますよね。オレンジを搾ったのにリンゴジュースが出てきたら、それこそホラーでしょう。

それと同じで、「恥ずかしい」と感じたなら、その恥の意識はもともと自分の中にあったものなのです。

だからこそ、気づくたびに手放していくと、もう自分の中からそういうものが出てこなくなります。言い方を換えると、手放せば手放すほど、「恥ずかしい」と感じるような出来事が起こらなくなります。というよりも、「恥ずかしい」という周波数を感じられなくなるのです。

感情というのは玉ねぎの皮のようになっているので、恥という意識を一回手放しても、まだ外側の数枚をめくっただけで内側には残っています。でも、ネガティブな感情が出てくるたびに手放していくと、どんどん小さくなっていきます。

逆に言うと、新たに生み出されることはないのです。自分がもともと持っているものしか出てこないので、手放していけばいくほど、いずれは小さくなって、影響を受けることはなくなります。

だから、恥ずかしくても、不安や恐れを感じても、それを使い続けるのではなく、手放すことを選択してください。

「ああ、もう最悪……恥ずかしい」「なんであんなこと言っちゃったんだろう、言わなきゃよかった」など、いろいろな感情が出てくるでしょう。恥の意識や後悔の念、不安、恐れが湧いてきたときに、それを手放してみてほしいのです。

それを続けることで、玉ねぎの皮がごっそり剝《む》けるが如《ごと》く、ネガティブな周波数が外れていくことになります。すると、次にいつもだったらネガティブな感情を感じるような状況を迎えたときに「あれ、そんなに緊張してないや」とか「それほど恥ずかしいと感じない」といったあり方になり、より自由に軽やかに、ありのままの自分を表現できるようになっていることに気づくでしょう。

〝性格〟と思い込んでいる

手放せばいいんですよ、とお伝えすると、

「でも、私はそういう性格なんです」

と言われることがあります。

「私、不安症なんです」「怖がりなんです」と。

本当は、不安や恐怖といった周波数を選んで使っているだけなのですが、繰り返し使っているうちに、年輪のように積み重なって、まるで自分のパーソナリティーのように錯覚してしまうのです。そのうちに、嫉妬に気づき、そうした場面が多くなると「私、嫉妬深いんだよね」などと語るようになります。これは、「不安症だから」「嫉妬深いから」と自己暗示をかけているようなもので、さらにそのあり方を強化し、いつの間にか性格といった形になり代わっていくのです。

でも真実を言えば、性格なんてありません。

自分が性格だと思っているものは、自分が握りしめているだけで、手放そうと思えば手放せるものなのです。

いろいろなものを手放していくと、最終的に残るのはその人の本質です。たとえば、自然の美に惹かれるとか、愛らしい動物に惹かれるとか、曲線的なフォルムに惹かれるとか、そうした傾向は出てきます。

でも、「不安症」「怖がり」といった、その人を決定づけるような性格はありません。あなたが自分の性格だと思っているものは、ただの思い込みなのです。

ネガティブな自分も否定しない

「私は、どう思う？」「今、何を感じてる？」と自分に聞いたときに湧き上がってくる思いに対して、「こんなこと思っちゃいけない」「考えちゃいけない」と、瞬時にかき消してしまうこともあるかもしれません。

でも、世の中の常識や道徳、倫理観といったものにあまりにも囚《とら》われすぎていると、自分の声が聞こえなくなってしまいます。

極端な例を挙げれば、ものすごく嫌なことがあって「死ねばいいのに」と思っているのに、「ううん、そんなこと思ってない。思っちゃいけない」と押さえ込む、といった感じです。

このときに、「思ってはいけない」ではなく、「ああ、私は『死ねばいいのに』と感じるぐらい、あの人が憎いと思っているんだな」と自分を否定することなく認めてあげることはとても大切なことなのです。

人として思ってはいけないとか、社会人として思うべきではないとか、そういう話ではなく、現に「思っている」わけですから、ただ認めてあげましょう。

ジャッジすることなく、否定することなく、ただ認めてあげるだけで、その思いはやがて消えていきます。

「自分を大切にする」とは、条件付きのものではなく、無条件に自分を認めてあげるということです。ネガティブなことばかり言っている自分も、うまくいかない自分も、自分のことを嫌っている自分も、どんな自分も決して否定しないこと。

それが、自分を大切にする、つまり本当の意味で自立するベースになるのです。

否定すると魂が萎縮する

否定は、自己肯定感や自己価値を低くします。

なぜなら、魂が萎縮してしまうからです。

自分からであれ、他人からであれ、どんな形であれ否定を受け入れると、魂が萎縮してしまうので、自分がどれだけ素晴らしいのか、どれだけ雄大なのか、どれだけパワフルなのかという、本来の自分の価値がわからなくなります。

なので、たとえ自分のことを褒めてあげられなかったとしても、否定することはやめましょう。

先ほどの例に戻れば、「『死ねばいいのに』なんて思ってしまっている自分は……」と否定に入っていくのではなく、シンプルに「私は今こんなにあの人のことを憎んでいるんだな」でおしまいにする。

そんな自分を「認める」「受け入れる」ことが難しいのなら、「観察する」というスタンスでいてください。「あ、私今こんなに憎んでるんだ。へえ」といった感じで自分を客観的に観察して、そこでパッと終わりにする。否定の迷宮には入っていかないようにしましょう。

否定形が習慣化されると、欠点がフォーカスされる

否定形を使うことに慣れていると、否定したくなることばかりが目に入ってくるようになります。それは自分に対しても、人に対しても、です。つまり欠点ばかりが目に付くようになるのです。

僕たちの意識は、フォーカスしたものを拡大するパワーを持っています。
たとえば、「ポルシェが欲しい」と思っていると、街中でポルシェばかりが目に付くようになりますし、ブランド物のバッグが欲しいと思っていると、そのバッグを持っている人ばかりが目に付いて、「あ、あの人も持ってる」「この人も持ってる」と気づくようになります。

それと同じように、否定することが習慣になることで、「欠点を見つける」ことに焦点が合っていると、どこを見ても、「欠点」がクローズアップされてくるわけです。

脳は常に膨大な情報を処理しています。その際、自分が大切だと認識しているもの（い

つも意識するもの）に関する情報を効率よくキャッチしようという、脳が無駄を省く行為なのです。

たとえば、ブドウ、バナナ、イチゴ、ナシなど、いくつかの種類の果物が並んでいる写真があるとします。「ナシは何個あるでしょう？」と聞かれて、その写真をパッと出されたら、みんなナシを必死に探しますよね。

あとで「じゃあ、イチゴは何個ありましたか？」と聞かれてもさっぱりわからないと思います。だって、ナシしか見ていなかったのですから。

欠点にフォーカスしていると、欠点しか見えなくなるとはそういうことです。

だから、自分のチャンネルを変えていく必要があるのです。

自分のダメな部分ばかりが目に付いて否定することに慣れている人は、欠点にフォーカスが当たっているので、まずは否定するのをやめると決めましょう。

長年の癖はそう簡単には変えられないかもしれませんが、地道にコツコツと、自分と向き合ってあげる、自分と付き合ってあげることが大切です。

自分にねぎらいの声をかけてあげる

自分を否定しないこととともう一つ、自分で自分に声をかけてあげることも、自分を大事にするうえでおすすめの習慣です。

誰かにこんなふうに声をかけてもらいたいな、と思うことがありませんか？

たとえば、頑張っているときに「頑張ってるね」と声をかけてもらいたいとか、「あなたは、よくやってるよ」と褒められたいとか。誰しも、そういう気持ちはあるものです。

ただ、それを他人に求めると、「誰も気づいてくれない」「誰も言ってくれない」「自分なんてまだまだだ」などと、無力感につながりかねません。だからと言って、「こう言ってもらいたい」という気持ちを否定する必要はありません。

誰かに期待するのではなく、自分で自分に言ってあげればいいのです。

「よくやった！」とか、「今日も頑張ったね」など、言葉は何でも構いません。あなたが今、「こんな声をかけてほしい」と思う、その言葉を自分で自分にかけてあげるのです。

そうすると、自己肯定感が上がり始めます。これは自分の好きな部分にフォーカスし、自分を認めてあげる、よいエクササイズになります。

覚悟が決まるとクリアに

本当の意味で自立するとはどういうことなのか――。

もう一つ、大切なのは、覚悟を決めるということです。

本質の自分を表現して生きること、ありのままの自分で生きること、自分の人生を極めることに対して、覚悟を決める。

100%の責任を持つと言い換えてもいいですね。

人事を尽くして天命を待つ、という言葉があります。それがまさに覚悟を決めている人のあり方です。やれるだけやったら、あとは大いなる流れに身を任せるという往生際のよさ、潔さがあります。

アメリカの神学者、ラインホルド・ニーバーは「変えることのできるものと、変えることのできないものとを、識別する知恵を与えたまえ」と、創造主に祈りました。

変えられることと変えられないことを区別したうえで、変えられることに力を注ぎ、変えられないことは運命に任せるしかありません。自分が影響を及ぼせないところからは手を放す。それが、覚悟を決めるということです。

覚悟が決まると、クリアになります。

ありのままの自分を表現し、本音でコミュニケーションを行なったときに、それに対して相手がどう反応するかは、自分ではコントロールできません。それは相手に委《ゆだ》ねて手を放す部分です。

ただ、何を言われたとしても、何を体験したとしても、それをどう受け取り、どう解釈するかは自分次第。すべては自分の意識次第なのです。

たとえば、相手から言われた一言で、怒りや悲しみといったネガティブな感情が湧いたとします。そのときに、「これは自分に気づきのきっかけを与えてくれたのかもしれない」「自分の中に持っていた怒り（悲しみ）の周波数に気づき、手放すきっかけを与えてくれたんだ」などと解釈すれば、その出来事はポジティブなものになります。

一方で、「なんて嫌なことを言うんだろう」と相手にすべて責任転嫁すれば、それで終わりです。気づきなど起きようがありません。

その解釈の仕方を選んでいるのは、自分なのです。そう理解することも、覚悟を決めるということの一つです。

自分の魅力が最大限に引き出されるとき

ありのままの自分を表現し、本当の意味で自立しているときに、その人の魅力がもっとも引き出されます。

自分につながるから、自分の本質の光が輝くのです。ライトが点灯するように、あなた自身が輝き始めます。

一方で、人の目を気にしていると、どんどん自分の本質からズレていく、と説明しましたが、自分から離れると、素晴らしい光源から離れてしまうため、どんどん光は小さくなり、陰《かげ》っていくわけです。

「第一印象をよくしよう」は逆効果

よく「第一印象をよくしたい」と言いますよね。

でも、この「よくしたい」は、「よく見せたい」「よく見てほしい」という周りを気にした、外向きの意識です。これでは自分から離れることはあっても、自分につながることはありません。むしろ、輝きを曇らせ、魅力を半減させてしまいます。

だからと言って「スッピンで街へ出ましょう」などと言っているわけではありません。メイクをするにしても、おしゃれをするにしても、自分軸に立って楽しみましょうね、ということです。

「この帽子をかぶるとワクワクするんだよね」「こういう服を着ると、優雅な気持ちになってうれしくなるんだよね」「こういうメイクをすると、すごく気分が上がるんだよね」といったように、自分の「こひしたふわよ」の感覚に従ってするのです。

メイクもおしゃれも相手のためにするのでも、誰かに「素敵」「キレイ」「かっこいい」

などと言ってもらうためにするのでも、街で声をかけられるためにするのでもありません。

人によっては、「もういい年だから」などと言って、好きなファッションをあきらめてしまうこともありますが、それも外向きのあり方です。

「年相応のファッションを」などと言うのは余計なお世話。そもそも年齢なんてただのレッテルですから、そんなものに縛られる必要はありません。

年齢にとらわれて、「40代とはこういうもの、50代とはこういうもの、60代とはこういうもの」という観念を持っていると、その観念通りの体験をすることになります。

たとえばですが、40代になると白髪が気になり始めて、50代になるとシミが目立ち始めて、60代になると足腰も気になってくる……というようなことが、嫌だなと思いつつも起こってきたりするのです。

それは、自分の意識が作り出しているもの。年齢に対して自分自身が持っている観念が――それは持ちたくて持ったわけではなく知らず知らずのうちに植え付けられたものかもしれませんが――、自分の肉体にも影響を及ぼすのです。

年齢とか、周りの目にとらわれず、自分の感覚を大事にしてください。「どっちの服のほうがしっくりくるかな」「どっちのほうが自分の気分が上がるかな」など、自分の感覚で選びましょう。

結果的に、それがいちばんあなたの魅力を引き出すことになります。

なぜかわからないけれど惹かれる

人を巻き込む力のある人、周りに人が集まる人、あるいは人気が出る人の共通点も、やはり自分とつながっている人、ありのままの自分を表現できている人です。特にこれからの時代は、どんどんそうなります。

自分の思いに蓋をして、自分と完全に離れている人は、たとえ人気が出たとしても、本当に一時です。姿形や、何らかのタイミング、ステータスといったものによって一瞬、人々を魅了することはあっても、決して長続きしません。

自分の本質とつながっているとき、エネルギーは満ち、波動が高まります。その状態でコミュニケーションを取ると、その高い波動が、自分の声に乗って音として相手に届くことになります。そうすると、相手はそれをとても心地よく感じるわけです。

「なんだかわからないけど、この人の声に惹かれる」というときには、その人の発している高い波動と共鳴を起こしているのです。

そうして共振しながら広がっていける人が、人々を魅了し、人を巻き込む力がある人と言えるでしょう。

自分につながっている人とつながっていない人がスピーチをしたとしますね。

スピーチの文章はできていて、二人ともまったく同じ内容だったとしても、聞いている人たちは、自分につながって話している人のほうを魅力的だと感じます。

たとえ話し方がたどたどしくて、途中で何度もつっかえながらであっても、なぜかグッときて心に響くのです。

心に響くかどうかに、スピーチの技術や話し方のうまさは関係ありません。

みなさんも、誰かのスピーチを聞いていて「話はすごく上手だけど、なぜか響かないな」と感じることがあるのではないでしょうか。

自分の本質につながらないまま、表面的な言葉遣いや話し方を磨いても意味がありません。

今までは話し上手な人だな、と一定の評価を得られたかもしれませんが、これからの時代は、みんなが「真実を見抜く」ようになります。

寄りかかり合う関係を求める、古い時代の人間関係にしがみついていたいという人は別として、受け取る側の感性がますます開いてくるので、上辺だけ綺麗な言葉を使っても、どんどん響かなくなるのです。

たどたどしくても、ボキャブラリーが少なくても、「ありのままの自分を表現」している人の〝音〟は、心に響くのですね。それがこれからのコミュニケーションの基本になることを心に留めておいていただけたらと思います。

第3章

自由に軽やかに関係を築く10のルール

1 相手ではなく、自分に集中する

これからの人間関係は、一人ひとりが自立して、「今この人とかかわりたい」とお互いに感じたらサッとつながり、お互いに、また新たな思いが湧いてきたら「それじゃ、またね」と離れていく、そんな軽やかな風通しのよいものになります、とお伝えしました。

ただ、職場や取引先の人など、自分では意識的に選べない人間関係もありますよね。積極的にかかわりたい相手ではないけれど、それなりに深くかかわらなければいけない場合もあるでしょう。

そういったときにも大切になるのは、自分に集中することです。

たとえば、メンヘラと呼ばれるような、精神的に不安定で、メンタルヘルスの問題を抱えている人が身近にいる場合はどうかかわるか。もしも職場の部下や後輩がそういう状態にあれば、サポートすべき立場としては距離を置くわけにはいきませんよね。

ただ、かかわろうとすると、本音では「ちょっと嫌だな」と感じたり、「怖いな」と思ったり、いろいろな抵抗や複雑な感情が出てくるかもしれません。

「余計なことを言ったら、病《や》んでしまうんじゃないか」「会社に来られなくなったらどうしよう」、それこそ「自死しちゃったらどうしよう……」など、いろいろなことを考えるわけです。

まずは、そうした思いを手放していくことです。

出てきたネガティブな感情や抵抗を手放していくことで、自分がバランスされることになります。

こういった状態のときに、僕たち人間の持つ可能性が引き出され、最適に機能できるのです。

心配だからといって、腫《は》れ物に触るようにかかわるのではありません。

「怖いな」とか「どうしよう」といった重たい感情をできる限り手放して、自立した意識でその人とかかわると、その都度、今必要なあり方や言葉がけがインスピレーションで降りてきます。

その感じたものに行動を一致させていくと、「なんだかいい感じに流れが変わってきたね」といったようなことになるのです。

「精神的に不安定なこの人をどうしよう」「この人とどう付き合おう」ではなく、「私」を、このかかわりの中でしっかりバランスさせていくことが大切です。

つまり、まずは自分が自立すること、これに尽きるのです。なぜなら、行動するのはいつだって自分ですよね。そうであれば、自分が本来持っている可能性を最大限に発揮できる状態に整えてあげることがすべてのカギと言えるでしょう。

他人に自分のエネルギーを預けない

自分に集中することは、どんなときも基本です。

苦手な相手とコミュニケーションを取るときも、複数の人とかかわるときも、意識を向けるのはまず自分です。

相手にどう思われるかとか、批判されやしないかとか、あの人の目が気になるといったことにとらわれていると、その人に自分のエネルギーの何%かを預けることになります。

同じように、「このことが怖い」「気になる」などと、外の事柄に気を取られていると、やはり自分のエネルギーの一部をその事柄に預けることになります。

そうすると、１００％あったエネルギーが、何かを気にするたびに数％ずつ差し引かれていくのです。当然、自分には少ないエネルギーしか残らなくなります。その状態で何かをやろうと思ってもスムーズには動けませんし、誰かとコミュニケーションを取ろうと思っても、１００％のパフォーマンスなんてできるわけがありません。

苦手な人とコミュニケーションを取らなければいけないときにも同じです。

ある人を苦手と感じるときには、その人のあり方に左右されています。つまり、その人の言動を気にすることで、相手にエネルギーを預けてしまっているわけです。

誰にだって相性はありますから、「この人とは合わない」「この人のこういうところが苦手」といった感覚を持つことはあるでしょう。

でも、自分軸に、しっかり一致している人は、相手の態度によって自分の感情を一喜一憂させることはありません。

自分に一致していると、エネルギーが満ち、余裕が生まれます。そのゆとりを持った状態で状況に接すると、俯瞰して捉えられるようになるので、「あ、今、この人には話しかけないほうがいいな」「あ、今、話しかけるといいかも」などと、コミュニケーションのタイミングが自然にわかるのです。

そうすると、いい距離感や関係性を保てるようになり、「あの人はこういう人だけど、こんなふうにかかわればいいいんだよね」と、その人との接し方がわかるようになってきます。そうなれば、苦手意識も薄れていくものです。

いずれにしても、まずは自分に集中して、自分のエネルギーを満たし、自分をバランスさせる。そうすれば、どんな場面でも、どんな相手とでも、リラックスしながらコミュニケーションを取ることができるでしょう。

「まずは自分」という、この「優先順位」をどんなときも忘れないようにしてください。

苦手な人との間には〝透明なスクリーン〟

もしも苦手な人の前で自分に集中することが難しいと感じるなら、イメージの力を使ってみてください。

イマジネーション（想像力）は、僕たちの持つ基本的な能力であり、人間に与えられた最大のギフトだと僕は感じています。

たとえば、目の前に苦手な人、嫌いな人がいて、その人とコミュニケーションを取る必要があるとき、その人を目の前にしてウッと体がこわばってしまうなら、その人との間に透明なスクリーンが置かれているのをイメージしてみましょう。感染対策に使われていたような透明なアクリル板のイメージでもいいですね。

会話をしていて「この人、嫌だな」と思ったときに、サッと心のなかで透明なスクリーン（アクリル板）を置くのです。そして、それ越しに話をすると、「あれ、ちょっと楽かも」と感じられると思います。

たったそれだけの工夫で余裕を生み出すことができるのです。

同じように、ものすごく苦手な人がいて、その人に対する「嫌だ、嫌だ」という思いがモンスターのように膨《ふく》れ上がっているときには、ドラえもんのスモールライトのように、イメージの中でその人にピーッと光を当てて小さくしてしまいましょう。

「嫌だ、嫌だ」と思っていると、その人の存在があなたのなかでどんどん肥大化していき、まるで自分がその人の支配下にあるかのように感じてしまうかもしれません。でも、それはすべてあなたの思い込みです。つまり、あなたの中の認識でしかないので、自分のイメージの力でどうとでもできるのです。

スモールライトを使うように、自分の中で肥大化している相手をどんどん小さくし、米粒くらいになったら、イメージの中でプチッと潰《つぶ》してみてください。そしたら、深呼吸します。

それだけでも相手に対する意識が変わり、その人と実際に対面しても、以前より自分らしくいられることに気づくでしょう。

ところで、いくら嫌いな人でも、その人を潰してしまうことに抵抗を感じる人もいるかもしれませんが、これは、あくまで「あなたの中の認識を変える」というだけです。相手を呪うとか、そういったことではありませんので、安心して取り組んでみてくださいね。

聞こうとしすぎない

これは「え？」と驚かれるかもしれませんが、自分に集中し、自分につながってさえいれば、相手の話を聞かなくてもいいのです。

正確に言うと、「聞こう、聞こう」と頑張らなくてもいいということです。

自分につながっていると、相手の話を聞こうと一生懸命にならなくても、あなたが理解し、受け取る必要のあるものはちゃんと耳に入ってきます。それ以外のことは聞き逃していても、「これは大事なこと」「これは必要なこと」としっかり受け取れるので、その入ってきた情報に対して感じたことを素直に表現すると、かえって聞き上手、話し上手な印象を持たれたりするのです。

僕も、「話し上手ですね」「聞き上手ですね」などと言っていただけることがありますが、１から10まで漏らさず話を聞いているわけではありません。それは、相手の話に関心がないわけでも、あえて話に耳を傾けていないわけでもなく、自分とつながって存在していると、「聞こえてくるものは自分にとって必要なもの。耳に入ってこないことや、わからないものは自分にとって必要のないもの」であることが明確に理解できるようになるからです。

ワークショップや講演会では質問のコーナーを設けていますが、ときには「○○という漫画があって――」「□□というグループがいて――」といった固有名詞から始まり、その漫画やグループ自体を知らなければ、いただいた質問内容の全貌はよくわからないこともあります。それでも自分につながっていると、エネルギーの大元《おおもと》とでも言うような、情報の宝庫につながることができるので、答えることができるのです。

よくコミュニケーションはキャッチボールにたとえられますよね。

でも、言葉のキャッチボールではないのです。本当のコミュニケーションは、エネルギーのキャッチボールです。

あなたが本当の自分につながっていると、相手のエネルギーを的確にキャッチできます。そうすれば相手は「ちゃんと聞いてくれている」「受け止めてもらえた」と感じるのです。

多くの人は相手の言葉を何とか理解しようとします。あるいは、話すタイミングなどを懸命に読もうとしますよね。

でも、そうやって相手に向かって身を乗り出すと、相手に軸が移るので、どんどん自分からズレていってしまいます。そうすると、一生懸命に聞いていたはずなのに、よく理解できていないという……そうした経験はありませんか？

自分からズレればズレるほど、相手の話の中で、何が大事なポイントで、それに対して、自分がどう感じていて、どう返したらいいかが、わからなくなってしまうのです。あなたは、あなたにつながっているからこそ、絶妙なタイミングで受け答えすることができることを覚えておいてください。

そんなふうに発想の転換を図ってみると、「あれ、なんだかよくわかる」という感覚を体感できるでしょう。

入ってこないのは聞く必要がないサイン

聞き逃さないようにしよう、と前のめりにならなくても、自分の感覚に耳を傾け、リラックスしながら聞いていればいいのです。

大前提として、自分にも相手にも言えることですが、話を聞かなければいけない義務などありません。なんだか波長が合わないなと感じたなら、あなたにとって楽しいことを考えていてもいいのです。

どのみち、自分に響くものしか、人は受け入れません。同じ話を聞いていても、入ってくるもの、心に残るものは人によって違いますよね。何が響くのか、どこに引っかかるのかは、人それぞれです。

耳を傾けていても、全然内容が入ってこないこともあります。それは、「あなたが聞くことではないですよ」という明確なサインと捉えてみましょう。

なので、どんな場面でも、誰と話していても、「すべてを聞かなきゃ」と一生懸命になるのではなく、必要なものはちゃんと入ってくると信頼していればいいのです。

2 ニュートラルに伝える

言いづらいことを伝えるか伝えないか迷う場面ってありますよね。

たとえば、タクシーに乗っていて、「あ、明らかに遠回りされている」と気づいたとき。何度かタクシーで行ったことのある場所なので、大体いくらになるかはわかっていて、お会計のときに案の定、いつもよりも金額が高かった――。

そんなとき、あなたならどうしますか？

運転手さんにクレームを言いますか？

それとも、イライラしつつも「運が悪かった」とあきらめますか？

僕だったら、明らかに遠回りされたと気づいたら、そう伝えます。ただし、クレームを言うというよりは、「事実だけを静かに丁寧に淡々と」伝えます。

明確に違うと感じていて、そのことを今後のためにも伝えたい。ただ、相手にちゃんと伝わるか、受け入れてもらえるか、逆上されたりはしないか……などと心配になって、なかなか言えない人は少なくないと思います。

このときに、相手からどんな反応を受けるかをコントロールすることはできませんが、まず、「伝える側の中に何があるのか」が大きく左右します。

ネガティブな波動は共振してしまう

たとえば、「恐れながら申し上げます」という言い方がありますよね。そんなふうに恐れた状態で伝えるのか、本当にニュートラルな意識で事実を淡々と話すのかで、一言一句違《たが》わずに同じことを言ったとしても、相手への伝わり方、受け取り方はまったく変わります。

恐れはネガティブなバイブレーションですが、相手の中にも当然あるネガティブなバイブレーションと共振共鳴し、引き出してしまうのです。

その反応が、逆ギレされるなど、ネガティブな形で現われるわけです。

先ほども話に出た、精神的に不安定な人に対して腫れ物に触るように接するというのも同じです。恐る恐る接すると、相手はそのバイブレーションに敏感に反応しますから、かえって苛立たせてしまうわけです。

一方でニュートラルな意識という高いバイブレーションで接すると、相手の中にもある、それらを共振共鳴させる可能性を高めるため、反応にも違いが出てくることになるのです。

また、相手に非があるとジャッジしているときには「あなたはこうするべきだ」と、相手に強《し》いる意識で接してしまいがちですよね。

でも、人は基本的に誰でも、何かを強いられたり、コントロールされたりはしたくないもの。そのため、そういったエネルギーにはとりわけ敏感です。無意識に察知すると、条件反射のように反発したくなるのです。

だから、伝える本人が心の中に何を持っているか、どういう意識で話しているかが大切になるわけです。

もしも、伝えるべきだと感じたことを伝えたら相手から逆上された——といったことが起こったら、「自分の中に何を持っていたんだろう」「どんな意識で話してたかな」と振り返ってみてください。

そのときの自分にちゃんと意識を向けてみると、「少し非難がましかったかな」などと気づけるはずです。

そしたら、その気づいたものを手放していくことで、もっとニュートラルな意識から表現できるようになるので、次に同じような場面に遭遇したときには相手に気持ちが、よりシンプルに伝わりやすくなります。気づいて手放すことで、クリアなコミュニケーションができる自分へと変化していくことになるのです。

「あなた」ではなく「私」を主語に

ニュートラルに伝えるときには、「僕はこう感じるんだよね」「私はこう思います」と、「私（僕）」を主語にすることも意識するといいでしょう。


「あなたって、こういうところがあるじゃない？」

「私はね、あなたにこういうところがあるように感じるんだよね」

この2つの表現は伝えている内容は基本的に同じです。でも、言われたときの印象は違うと思いませんか？

後者の「私はね――」のほうは、あくまでも言っている本人がそう感じているという伝え方です。

一方で、前者の「あなたって――」は、言われているほうにとっては、自分が攻撃されている、非難されているような気持ちになるのです。先ほどのネガティブなバイブレーションは共振するという話と同じで、相手からも攻撃性を引き出してしまいます。

つまり、その攻撃や非難に対してどう防衛するかという意識が働くので、「何も受け入れたくない」とシャットアウトしたり、攻撃は最大の防御なりと言わんばかりに攻撃的になってみたりするのです。


慣れないうちは、すべての主語を「私」に変えるのは難しく感じるかもしれません。たとえば、遅刻した相手を注意するのに、「私」を主語になんてできません、とか。

でも、「僕はね、あなたがもっとこうなるといいんじゃないかなって感じるんだよね」など、そのときのシチュエーションによって言い方は変わるでしょうが、どんな場面でも「私（僕）」を主語にして伝えることはできるようになるはずです。

それに、遅刻した事実は本人がいちばんわかっているので、たとえふてぶてしい態度を取っていたとしても、本人の中には引け目があるもの。そこを「君ね」「あなたね」と正面から突かれると、余計に防衛本能が働いて、つい感情的になってしまうのです。

スムーズに理解してもらうために

相手に非があると思っていればいるほど、「あなたね」と直接的な表現になりやすいものです。

遅刻したのは相手。遅刻はよくないこと、正さないといけないこと。「だって、それは当たり前のことでしょう?」と思うかもしれません。

ここで大切なポイントは「あなたが望んでいることは何ですか?」ということです。その人に伝えたい、理解してもらいたいという気持ちがあってコミュニケーションを取るのであれば、そうではない方向に向かっていくコミュニケーションはあなたが望むものではありません。

「遅刻はよくない」と感じている、あなたの真実を言ってやりたいのか、それとも、遅刻したことを通して相手に何かを理解してもらいたいのか。あなたの意図はどこにありますか？

もし、あなたの意図が「伝えること」「理解してもらうこと」にあるのだと、明確に認識していれば、「だって……」という思いはなくなるでしょう。相手に伝わるように言い方を工夫することに違和感は覚えないはずです。

「だって本当のことなんだから」と感情的になるのは、自分の正当性を主張することが目的になっているからです。でも、それならそれでいいのです。

あなたの目的が、自分の正しさを証明することであって、相手に理解してもらうことではないのなら、そのままぶつけるだけです。

ここに、良いとか悪いとかいう概念を持ち出しても意味がありません。あなたがどうしたいのか、それに尽きると言えるでしょう。そして、自分の選択の結果、引き起こされる現実に対する責任は、全て自分にあることを忘れないでください。

僕たちは、それくらい意識的にコミュニケーションを取ること、ひいては生きることが大事なのです。

でも、そういった意識になればなるほど、自分の本質とつながれるようになりますから、選択の基準が「調和」「平和」であることは言うまでもないことですが……。

愛を持って伝える

また、「ニュートラルに伝えましょう」と言うと、無表情かつ無感情で伝えるようなイメージを持つかもしれませんが、それは違います。

まず、ニュートラルな意識というのは、僕たちの本質的なあり方そのものです。その状態は、まさに「こひしたふわよ」であり、いわゆるポジティブな性質そのものと言えるでしょう。なので、この意識で自分を表現するとき、そこには明るさや軽やかさがプラスされ、心地よい音が奏でられることになるのです。さらに、その意識のあり方には、自分や他に対する基本的な「敬意」や「感謝」そして「愛」が含まれています。

たとえば、僕は自分が思ってもいないことは決して口にしません。

赤ちゃんを連れてきている人がいて、誰かが「すごくかわいいねー」と言ったとしても、もし、自分はそうは思わなかったら、「かわいいねー」とは言いません。

だからと言って、「全然かわいくないねー」などとも言いませんが、「すごい手が小っちゃいねー」とか「頬っぺた、スベスベだねー」など、自分にとっての真実だけを口にします。

もちろん、それが正しいです、などと言うつもりはなく、対人関係で何を望むのか……「誠実さ」だな、と感じるなら、まずは自分がそうあることが大切だと思うからです。そして、何を表現するにしても、「そこには愛があるかな？」と確認することが大事だと思うのです。

なぜなら僕たちにとって、そういった意識を持つことは、本来ナチュラルなことだからです。

僕たちは「源《みなもと》」という愛そのものの意識から生まれているので、言ってみれば「愛の塊《かたまり》」であり、愛のない人などいないのです。ただ、それを忘れてしまっているだけなので、自分の本質につながることで、それを思い出すことになるわけです。

そして、このことも覚えておいてください。この世界はコントラストの世界です。愛がないと感じる体験を通して、その反対の愛がある状態を知ることになります。

とにかくにも、あなたが自分の本質につながって表現することで、あなたの表現のすべてに、愛の波動が乗ることになるのです。

苦手な人への無条件の愛とは

「いつも愛を持って伝えましょう」とお話ししていると、こんなふうに言われることがあります。

「苦手な人には、敬意は持てたとしても愛や感謝はちょっと……」

これは、愛というものをどう捉えるか、です。

愛にはいろいろな形がある、とよく言いますよね。

男女の愛、親子の愛、友情の愛などいろいろとありますが、ほとんどは条件付きの愛です。たとえば、「恋人だから」とか、「これまで育ててくれた親だから」とか、愛するための前提があるのです。

これは極端な例かもしれませんが、「僕は彼女をとても愛しているんです」と言ったときに、「じゃあ、彼女が男でも愛せますか？」という話なのです。

そこで戸惑うのなら、条件付きの愛ということ。なぜなら、「彼女が女性だから愛している」ということですから。

ここで言う「愛」とは、そういう条件付きの愛ではなく、条件を抜きにした愛です。この無条件の愛こそが、僕たちの本質なのです。

それは、好きか嫌いか、自分に近しい人かそうでないか、同じ国に住んでいる人かそうでないかといったこととは一切関係ありません。

相手が誰であれ、あなたとどんな関係であれ、無条件の愛をベースに表現することを意識してみましょう。

そうすれば、たとえ厳しいことを伝えることになっても、摩擦や戦い、そして批判のエネルギーがないので、話したいことの本質が、よりスムーズに伝わりやすくなるのです。

また、傷つくか傷つかないかは本人の問題なので、話す側が完全にコントロールすることはできません。

みんながみんな「かわいい」「かっこいい」と言われることがうれしいとは限りませんし、どんな話し方をしても傷つくときは傷つきます。たとえば、「かわいい」と本当に思ってそう伝えても、本人が自分の顔にコンプレックスを持っていたら「何？　この人、嫌味なの？」と思うことだってあるのです。

だから、結局は相手次第ということです。

でも、どんな場面でも、自分の思っていること、感じていることを嘘偽りなく表現しつつ、どんなふうに表現すると相手に伝わりやすいかな、わかりやすいかなと心を砕《くだ》き、表現の仕方を工夫することはとても大事なこと。

そうした気配りは、自分自身の成長にもつながります。

嘘も方便と言うように、「この人にはこう伝えたほうがもっとわかりやすいかな」と感じたら、事実をそのまま伝えるのではなく、自分なりにアレンジしてもいいのです。常に、自分が「あ、こうするといいな」と感じることにシンプルに従ってみてください。


そうは言っても、表現の仕方に神経質になりすぎて何も言えなくなってしまうこともあるかもしれませんね。実際、言いたいことが言えずにストレスになって、顔に吹き出物ができてしまうような人もいます。

その場合、ちゃんと自分の本音を表現し、自分の中にたまっていたものを解放してあげると、肌もきれいになっていったりします。

そして、そういう人は、人を傷つけたくないという優しい人なのかもしれません。

ただ、厳しい言い方になるかもしれませんが、純粋に相手を傷つけたくないと思っているのか、相手を傷つけることによって自分が嫌われたり、嫌な人間だと思われることを怖がっているのか、自分の本音と向き合ってみることも大切です。優しさではなく、自己保身のために「言えない」のかもしれないのです。

自分の行動の裏にある本当の動機は何なのか。ちゃんと目を向けることで、どうあることがナチュラルなのかも見えてくるでしょう。大切なのは、「どう思われるか」ではなく、どう伝えることがベストなのかに心を砕くことなのです。

3　伝えたあとは、相手に委ねる

相手に理解してもらえるように伝え方を工夫する一方で、最終的に相手にわかってもらえるかどうかは、相手次第です。そこに、あなたが責任を感じる必要はありません。

たとえば、ある人がAさんの話を聞いて「Aさんの話、全然わかんない！」となったとしますよね。次にBさんに話を聞きに行ったら、今度は「あ、なるほど。そういうことね！」と理解できた。

その様子を見て、Aさんは「私の伝え方がダメだったのかな」などと、いろいろ考えてしまうかもしれません。でも、先にAさんの話があったからこそ、Bさんの話が活きるということだってあるわけです。

もし、自分の話が伝わらなかったことに落胆しているなら、あなたは、相手にわかってもらえるよう心を砕いたのではなく、「自分がわからせたい」「話がわかりやすいと思ってもらいたい」という自己満足を得たかったのかもしれませんし、自分のコミュニケーション力のなさに嫌気がさしているのかもしれません。いずれにしても、それは「無価値感」からやってきていると言えるでしょう。とにかく、あなたは自分のできる最善を尽くせばそれでいいのです。これはコミュニケーションに限らず、あらゆることに言えることです。


僕たちは全体で動いているのですから、大きな全体像にいつも意識を向けておくことが大切です。そうすれば、無用な責任感から解放されます。

「私は私のできることをやるだけ」。それが次の人に受け継がれて、その人がまた自分のできることをやる。そうやって、全体を通して一つになっていくのです。

そのことに信頼をおいていれば、自分だけで問題を解決できなかったり、相手を助けることができなかったりしても「ああ、私の力不足で……」と、思い悩むことも少なくなるのではないでしょうか？

むしろ、「私が解決する」「私が助ける」と、「私が、私が」と責任を負おうとすることは、独りよがりなエゴ（我）とも言えるでしょう。

なので、自分のできることをやって、あとは委ねる。理解してもらえるように工夫はしたけど、相手にわかってもらえなかったとしたら「あ、今はわかってもらえなかったんだな。いつか、わかってもらえますように」でおしまい、というシンプルさを選んでみてください。

アドバイスを活用するかも相手の問題

誰かにアドバイスをするときにも、伝えたあとは委ねるというポイントは同じです。

「あ、これ言ってあげたほうがいいかな」と感じたら、そう感じたのですからぜひ伝えてください。ただ、相手がそれをどう受け取るかはその人に任せます。

「なるほど。わかりました、そうしますね」と、言われるかもしれませんし、「私はそうは思いません」と、言われるかもしれません。

本当にその人のことを思って言っているのであれば、「そう思いません」と言う相手の気持ちも尊重できるはずです。

そこで「え、せっかく言ってあげたのに」「なんで言うことを聞かないの?」といった気持ちがもしも湧いてきたなら、純粋に「その人のため」ではなかったのでしょう。心のどこかに、相手をコントロールしたい気持ちがあったのかもしれません。

そんなふうに湧いてきた気持ちは手放し、あとは相手に委ねるのです。

アドバイスとして「言ってあげたほうがいいな」と思ったら伝えることは構いませんが、それをどう使っていくかは相手の問題であり、あなたが入り込んでいく必要はありません。

子どものしつけに迷ったら

伝えたあとは相手に委ねる、というスタンスはどんな関係でも同じです。

親と子においてもやっぱり同じ。

子育てで迷っている方から、「自分が『この子のために』と思って子どもに言っていることが、愛からなのか、それとも自我からなのか、わからなくなることがあります」と、よく質問をいただきます。

子どものためによかれと思って言っていることでも、「こうあるべき」という自分の価値観を押し付けてしまっているんじゃないかなど、考えれば考えるほどわからなくなってしまうのでしょう。

でも、そんなときも、これまでお伝えしてきたことを思い出してください。

お子さんに関して「こうしたほうがいいんじゃないか」「こんなふうに言ってあげたらいいんじゃないか」と感じることがあれば、その直感に従って伝えてください。言っちゃダメということはありません。

でも、自分が思っていたように、お子さんは動かないかもしれません。あなたのアドバイスをお子さんがどう受け取るかは、お子さん自身の選択ですから、親と子という関係であってもあなたの入り込む領域ではありません。なので、これもまた、伝えたあとは委ねるのです。

また、言ったあとで「ちょっと言いすぎちゃったかもしれないな」とか、「もっとほかの言い方があったんじゃないかしら」とか、いろいろな感情が出てくることもあると思います。罪悪感だったり、後悔の念だったり、あるいは単純に怒りかもしれません。

そういうものが出てきたら、出てくるたびに、第2章で紹介した3つのステップで手放します。そうすると、波動が上がり、あなたの視点が変化します。

そして、それまでよりも高い視点で物事を見ることができるようになります。

視点が上がれば、今まで見えなかったお子さんの状況や優れた点が見えてきたり、アプローチの仕方にしても「こうした方が、もっといいんじゃない?」というこれまでとは違うやり方に気づけるようにもなります。

そしたら、それを試してみるのです。

試した結果、また「あれ……違った、失敗かも」とか、「なんだ、私、やっぱりわかってなかったじゃん」など、さまざまな思いが出てくるでしょう。それをまた手放すのです。

そうすると、またあなたの波動は上がり、さらに高い視点を獲得します。そこでまた、これまでは見えていなかったやり方やあり方が視界に入ってくるようになるので、「あ、これいいじゃん」と感じたら、それをやってみるという、「トライ＆エラー」の繰り返しです。

つまり、正解というのは、あるようでないのです。

一人ひとり、個性という性質も、経験してきた内容も、今いる環境だって違うのですから、「これだけが唯一の正解です」などというものがあるわけがありません。

だから、もしも「あなたの子育ては間違っている」と言う人がいたとしたら、それも違うのです。あなたは間違ってなんかいません。

大事なのは、「正しい」とか「間違っている」というジャッジをすることではないのだということです。そうではなく、どうすればいいのか、どんなふうに子どもとかかわればいいのか、まだわかっていないだけなのですから、楽しみながら、オリジナルな接し方を見つけていけばいいのです。

そして、その結果、浮き彫りになってくるものをそのままにまた、無理矢理に理由をつけて納得しようとするのではなく、手放すのです。

それを繰り返すことで、あなたの子育てはどんどん洗練されたものになっていくでしょう。


これは、子育てに限らず、すべての人間関係に共通することです。

「こんなことを言ったら、傷つくんじゃないか」「こんなこと言ったら相手はどう思うだろう」と悩むのではなく、まずはあなたが、お伝えしてきたことをベースに、「こうしたほうがいい」と感じることを表現します。そして、もし後悔や罪悪感などが出てくるようなら、それを手放しましょう。

あるいは「あのとき、『ごめんなさい』と言えばよかったな」と思ったなら、「ごめんなさい」と言えばいい。そういう素直さと、伝えたあとは委ねるという信頼をベースにしたあり方で、自分の感じる最善を表現すればいいのです。

4 〝今、この瞬間のその人〟に100％向き合う

愛を持って伝えましょう、思いやりの心で表現しましょうと言ったとき、相手の事情や生い立ちなどに思いを馳《は》せて、相手の気持ちを察しようとしたり汲み取ってあげようとしたりすることが愛や思いやりだと思う人もいるかもしれません。

確かにそれは思いやりや優しさのように見えるかもしれませんが、一方で、色眼鏡で見てしまうことにもなりえます。それでは本当に大切なことが見えなくなり、ブレてしまうことがあるのです。

まず大前提として、その人のすべてを理解することはできません。

僕たちの大元は一つであり同じですが、今は違う表われ方をしている別の人間です。違う人間として、この世に生まれ、それぞれ別々の経験を積んできたのです。

もっと言えば、何世紀もの間、各自のペースで輪廻転生の旅を続けてきたわけですから、魂の経験値も違います。

そうした相手を、完全に理解することなんてできるわけがないのです。

では、どうすればいいのかというと、目の前の人を「理解しよう」とするのではなく、「今この瞬間、この人に100%向き合おう」という意識を持てばいいのです。

「生い立ちが」とか、「家庭が複雑だったから」といったことは、一切関係ありません。

なぜなら、生まれ育った環境がどうあれ、今ここにいるその人は、そのときのその人ではないのですから。過去に思いを馳せることは、その人の今ではなく、その人の過去に向き合うことになってしまいます。

それは、その人のトラウマをよみがえらせてしまうことにもなりかねません。

たとえば、複雑な家庭環境で育ったとして、「だからああなのかな、こうなのかな」と察しようとすることは、それが優しさからだったとしても、その辛かった過去にチャンネルを合わせることになります。そうすると、苦しんでいた当時の波動がその相手の中によみがえり始めるのです。そして、ますます複雑になっていきます。

ですから、もう存在しない過去にとらわれるのではなく、「今この瞬間」の「目の前にいるその人」に100%向き合いながら、コミュニケーションを取ることを心がけましょう。

カウンセリングの意味

ちなみに、「じゃあ、過去の出来事に焦点を向けるようなカウンセリングは意味がないのですか」と言えば、そうではありません。

まずカウンセリングというのは、「カウンセリングをしてほしい」という本人の明確な意思のもとに行ないますよね。カウンセラー側から働きかけるわけではありません。

本人が、自分を知りたいとか、自分の中の記憶を整理したい、といったときには役に立ちます。

たとえば、母親との関係で悩んでいる人が、過去を振り返りながらカウンセラーと対話する中で、「あのとき私はああいう捉え方をしていたけど、そうじゃなかったんだ。お母さんはあのときすごく辛かったんだ。だったらお母さんに対する恨みなんて持ち続ける必要はないんですね」などと気づく。自分の中で整理をつけるうえで役立つということです。

つまりは、過去に意味を求めるのではなく、思い込みとも言える記憶を整理することで過去からの影響を断ち切っていくのです。

人は毎瞬、別人

今、大事なのは、自分の目の前にいるその人です。子ども時代のその人でも、数年前のその人でも、もっと言えば、昨日のその人でもありません。

先ほども言ったように、〝今この瞬間のその人〟に100%向き合うことによって、本当の意味でエンパワーメント（能力を高めること）することができます。

そもそも僕たちは、毎瞬毎瞬、別人なのです。1秒前の自分であっても、今の自分とはつながっていません。それが真実なのです。

それなのに、過去の苦しい思いに目の前の人を縛り付けていたいのでしょうか。きっと、そうではありませんよね。「そうではない」と思うのなら、まずはあなたが過去とその人を結びつけることをやめてください。

そうだ、この人はもう、そのときとはまったくの別人なんだ――。そう理解して、「今、目の前にいるこの人に１００％の意識を向けよう」と今この瞬間にフォーカスすることができたら、その人が、ここから新たな一歩を踏み出すことをサポートすることになります。

そうすると、相手から「なんだかわからないけど、あなたと話したら、気持ちが軽くなったわ」などと言われるようになるのです。

過去の出来事について悩んでいる相手に「過去は関係ないんだよ」「過去の自分と今の自分は別人なんだから」「つながっていないんだから」などと言うと、わかってくれない、理解してくれないと思われやしないか……と、心配になる人もいるかもしれません。

でも、今この瞬間にすべてが存在するのです。

言い方を変えると、今この瞬間しかありません。

過去はもう過ぎ去ったものですから、存在しません。

未来はまだやってきていないのですから、ありません。

今、たった今この瞬間しか存在しないのですから、ここだけに１００％集中していればすべてをまかなえるのです。この意識でかかわっていくと、相手は「ああ、なんだかすべてまるっと受け入れてもらえた気がする」という感覚になったりするのです。

認知症になった親とどう向き合うか

今、この瞬間のその人に100%向き合う。これに例外はありません。

たとえば、親が認知症になったとき。

「お母さんはもっとハキハキしてたのに」「きれい好きでおしゃれで、部屋も身なりもいつも素敵だったのに」――。

つい、元気だった頃のお母さんと比べてしまうものですが、比べるのではなく、今のお母さんを見てあげてほしいのです。

普通にできていたことができなくなり、どんどん幼児に返っていくような姿を目《ま》の当たりにすると悲しくなるかもしれませんが、でも今、ここにいるお母さんは、今までのお母さんではない、新しいお母さんなのです。

この新しいお母さんと新しい意識で向き合うということが本当の意味でできると、そこからまた新しい関係を築いていくことができます。

そこには、今までのお母さんとの関係性の中では得られなかった体験、気づき、楽しみが必ずあるのです。

でも、元気だった頃のお母さんを忘れる必要はもちろんありません。そういうお母さんがいたという事実から目を背けましょう、ということではないのです。

比べるために心に留めておくのではなく、「今まで身を粉《こ》にして自分を育ててくれたな」「よくこんなふうに声をかけてくれたな」などと敬意と感謝の気持ちを持ちながら、今のお母さんと向き合うことができれば、かかわり方も変化し、まったく違う体験が待っていることでしょう。

5　会話が苦手という意識を手放す

会話が苦手、雑談が苦手と悩んでいる人は思いのほか多いものです。

でも、悩まなくて大丈夫。

シンプルに、その苦手意識を手放せばいいのです。

苦手意識を持っている人は「話すことが苦手であること」に自信を持っているのです。

普通は「いやいや、自信がないんですよ」と言いたくなると思いますが、実際は、苦手であることに、ものすごく自信があるのです。

つまりは、自信をどちらに使っているのかだけで、自信がない人は一人もいないのです。

たとえば、「いつも車で酔っちゃうんです、私」と言う人は、車酔いすることに強い自信を持っているわけです。そこで、「あ、そっか。自信を持つ方向を変えればいいんだ」とコツがわかると、パッと変えることができます。

会話や雑談に対する苦手意識も「あ、自信がないんじゃなくて、私、めちゃめちゃ自信を持っちゃってるんだ」と気づくと、変えられます。自分がギュッと握りしめている苦手意識を手放せばいいだけなのですから。

手放すときには3つのステップを踏むんでしたよね。

「苦手意識を使っていることを認められる？」と自分に聞いて、「イエス」と答える。

次に「じゃあ、この苦手意識を手放してもＯＫ？」と自分に許可を求めて「ＯＫ」と答える。

そして最後に「じゃあ、今手放そう」と言って、握った手をパッと開いて手放す。

この３ステップで苦手意識を手放していきましょう。

今の状態にＯＫを出す

また、話すことが苦手な人は、「話すことに対する自分の理想」があります。

「誰の前でも、よどみなくスラスラ話す」とか、「スピーディに話す」とか、「何を聞かれてもテンポよく返す」など、その人なりの理想像があるのです。

その理想の自分と今の自分の話し方を比べて、「そんなによどみなく話せないわ」とか「答える前に、ものすごく考えちゃう」など、乖離《かいり》を感じているから、自信を持てなくなってしまうのです。

でも、今の状態を否定するのではなく、自分でＯＫを出せたら何の問題もないのです。

今のあり方を受け入れられれば、苦手意識が出てくることすらありません。

ではなぜOKを出せないのでしょう?

それは、「こうあるべきだ」という強い思い込みがあるからです。

先ほどの例で言えば、誰の前でもよどみなくスラスラ話すべき、スピーディに話すべき、何を聞かれてもテンポよく返すべきといった思い込みです。完璧を目指す必要はありません。

「こうあるべき」という思い込みを手放せば、比べるものがなくなります。比較がなくなれば、ジャッジすることが、そもそもできなくなるのです。

会話が苦手、話すことが苦手という苦手意識をなかなか手放せない人は、まず自分がどんな思い込みを持っているのかを探って、先にその思い込みを手放しましょう。そうすれば、ある時突然、苦手意識を感じなくなっている自分に気がつくようになるでしょう。

楽しくないと決めつけない

会話が苦手、話すことが苦手という人は、「自分の話は面白くない」「誰も自分の話には興味を持たない」という自信も持っています。

でも、そんな意識でいれば、はなから「楽しくないと決めつけている」わけですから、楽しみを見出すことは難しいでしょう。

なので、こういうときこそ、クリエイティビティを働かせてみてください。

「強いて言えば、楽しいところはどこ？」

そんなふうに意識するだけでも、視点が変わり、今まで見えなかったものが見えてくるようになります。

自分の心の持ち方次第とはいえ、今まで苦手に感じていたことが急に楽しくなることはないかもしれません。「まあ、こう捉えると、少しは楽しいかも」ぐらいの変化かもしれませんが、それでも「楽しくない」と決めつけているときとは違う意識で取り組むことができます。

僕たちの意識にはフォーカスしたものが拡大されるという作用がある、とお伝えしましたよね。

「楽しくない」ことにフォーカスすれば、当然それが拡大されます。それよりも、ほんの少しでも「楽しいかも」と思える部分にフォーカスするほうがよいと思いませんか？

沈黙を悪いものと捉えているから気まずい

「雑談をする際、何を話せばいいかわからないんです」

そんな悩みもよく聞きます。

何を話すかの前に、大前提として、話さなくても別にいいのです。雑談が苦手な人は、しゃべらなければいけないと思い込んでいて、沈黙を嫌います。

でも、沈黙を共有することもコミュニケーションの一つです。

ずっとしゃべっていなくてもいいのです。

「何かしゃべらないと」という強迫観念が出てきたときに、その都度、それを手放していくと、シーンとしてもリラックスしていられるようになります。

沈黙を心地よいと感じるか、気まずいと感じるかはその人の意識次第。

沈黙を悪いものと捉えていると、それを経験するたびに気まずくなります。

あるいは、一緒にいる人に対するネガティブな思いがそうさせるのかもしれません。

いずれにしても、沈黙はよくないという思い込みや相手に対する苦手意識を手放すことで、話が途切れたとしてもリラックスしていられるのです。

リラックスしていれば、自分につながり続けることができます。

もし雑談が得意になりたいと思うなら、「しっかり自分につながって、そのとき心に浮かんだこと」を表現すればいいのです。

たとえば、急に宇宙のことが浮かんだら「実は私、宇宙が好きなんですよね」などと言ってみる。一つ、キーワードが出てくると、そこから芋づる式に話がつながることってありますよね。

最初のきっかけは何でもいいのです。

よく女性のほうが雑談上手だと言われますよね。それは、総じて女性のほうが頭よりもハートにつながっている人が多いから。心に出てきたことをそのまま表現すると、それが雑談の始まるきっかけになって、「あ、そうそう」「わかるわかる」と盛り上がっていくのです。

男性の場合は、どちらかと言うと頭につながっている人が多いので、「何か意味のあることを言わないと」とか、「この話題を出したからにはちゃんとオチをつけないと」など、いろいろなことを頭で考えやすいのです。そうやって、ああでもないこうでもないと頭で考えている間に、話が止まってしまうわけです。

沈黙もコミュニケーションの一つと捉え、リラックスしながら自分につながっていると、「あ、そういえば」と何かが浮かびます。そのときに「こんな話つまらないかな」「相手は興味があるかな」などとあれこれ頭で考えず、浮かんだことをそのまま表現すれば、会話は広がっていくものです。それが結果的に雑談上手ということになるでしょう。

もう一つアドバイスを付け加えるなら、人は基本的には話を聞いてほしいもの。それが人の心理です。なので、ただ聞いてあげればいいのです。

相手の話に対して「ちゃんと答えなきゃ」「自分も話題を提供しなきゃ」などと思う必要もなく、ただ「うんうん、そうなんだ。すごいね」と聞いていればＯＫ。

たとえば、「昨日、遊園地に行って来たんだよね」と言われたら、「そうなんだ、遊園地に？」と相手の会話のフレーズを付け加えてあげられれば、あなたが興味を示してくれていることがわかり、相手も、より気持ちよく話すことができるようになるでしょう。それは、その場の雰囲気を良くし、リラックスを促すため、お互いが自分につながって、さらに会話が弾むことになるのです。

こうして、これは単におまけですが、「聞き上手」になったあなたは、相手から「話し上手」と思われることにもなります。

結果的に「吃音が起きてほしい」と願っている

吃音《きつおん》が心配で、人前で話すことが苦手という人もいます。

大切な場面ほど「吃音が起きたらどうしよう」と思うものですが、「なってほしくない」と思えば思うほど、そうなってしまいがちです。

吃音に限らず、「こうなってほしくない」と願うことは、実は「こうなりたい」と願っていることと同じです。だから、「吃音が起きたらどうしよう」と不安になり、「吃音が起きてほしくない」と思うことは、「吃音が起きてほしい」と思っていることと一緒になってしまうのです。

ということは、吃音に関する不安が出てきたら、「吃音が起きてほしい」という気持ちを手放せばいいのです。

「え？　私、吃音が起きてほしいなんて思ってないです。吃音が起きてほしくないから、不安に思ってるんです！」

そう、思いますよね。でも、あなたが「吃音が起きてほしくない」という不安を抱くほど、それを感じるような現実を体験することになります。


つまり、感情という周波数は磁石のような性質を持っているので、どんな周波数を発するかで、どんな状況や人を引き寄せるかが決まるのです。

だから、「起きてほしくない」といって、それを不安や怖れと共に思い続けることは「起きてほしい」と願い続けることと一緒なので、まずはそのことを自分で認め、「吃音が起きてほしいという気持ちを手放すこと、OK？」と自分に聞きます。次に「じゃあ、手放そう、今！」と明確に決めて、パッと手放し、一つ深呼吸……。

これを、少しでも気持ちがスッキリするまで行なってみてください。

２回でも３回でも４回でも、何回でもいいのです。やればやるほど、気持ちが落ち着き、軽やかになるのがわかるでしょう。

トラウマの手放し方

人とのコミュニケーションが苦手だと感じている人の中には、過去にいじめられたり、ハラスメントに遭ったりした経験がトラウマ的な心の傷となって、その記憶を引きずっている人もいるかもしれません。過去の辛い経験が原因となって、対人恐怖症になっている人もいるでしょう。

ところで、記憶の仕組みは、記憶という映像と感情が結びついた状態です。

ある体験をしたときに、すごく恥ずかしい思いをした、とても怖い思いをした、死ぬかと思うほど追い詰められた、ものすごい不安に苛《さいな》まれた――。

感情の種類はいろいろですが、そうした感情が記憶に紐《ひも》づいて、つなぎ留められているので、同じような状況を目の前にすると、そのときに感じていた感情も一緒に出てきてしまうのです。

逆に言えば、そのときの感情を手放すことができれば、もう紐づくものがなくなるので、トラウマになっている記憶が自分の意識から消えていきます。

すると、その記憶を思い出したとしても、そこに何の感情も乗らなくなります。つまり、トラウマとしての影響力はなくなるということです。

ある過去の経験がトラウマになっている、心の傷になっているということは、あるシチュエーションに遭遇したときに、その過去の記憶がまざまざとよみがえるということですよね。それは今、感じている感情が、その過去の記憶と紐づいているんだよ、と教えてくれているのです。

ですから、嫌な記憶がよみがえってきたときに、出てきた感情を手放すことで、トラウマは根こそぎ外れることになります。

もう「過去の記憶を乗り越えなきゃ」と戦う必要はないのです。つなぎ留めている感情さえ手放せば、その記憶は、膨大な記憶の中の単なる1ページでしかなくなります。

辛い記憶がよみがえった、その最中に手放すことができなくても、ある出来事がトラウマになっているなと気づいたら、そのときの映像を思い描きながら「あのときの、あの感覚」と言えば、手放すことができます。

体験をしている真っ最中ではないので、臨場感をもって、その感情がグーッと湧き上がってくることはないかもしれません。

それでも、その映像を思い描くことで、そのときの感情を心の奥ではちゃんと捉えています。なので、「あのときのあれを手放そう」と、いつもと同じように手放し続ければ、トラウマは外れていきます。

ある出来事のせいで、コミュニケーションが苦手になった。
ある失敗をして以来、同じようなシチュエーションを避けるようになった。
ある人のせいで、対人恐怖症になった。

これまで生きてきた中で、誰もが、そうした心に引っかかっている体験を大なり小なり持っているものです。

でも、うまくいかないことをある出来事のせいにする、ある人のせいにするということは、自分のパワーをそのシチュエーション、その相手に預けるということです。自分がパワー不足になるのですから、もったいないと思いませんか。

手放す方法があるのですから、さっさと手放し、力を取り戻しましょう。

ただ、どうしても手放せないときには、不安であれば、その不安を自分が感じたいだけ感じるという方法もあります。

「手放さないといけない」「いつまでもとらわれていてはいけない」などと否定する必要はないのです。

「今、私は不安を感じているんだな」「ああ、息が苦しくなるほど不安なんだ」と、ただ認めて、１００％受け入れて感じ尽くせば、それはスッと抜けていきます。つまり、統合されるのです。

ただ、感情は玉ねぎの皮のように幾重にも重なって存在していますので、出てくるたびに感じ尽くしていたら、手放すより先に、命が尽きてしまうかもしれません。

であれば、手放す方法があるのですから、メソッドを使って、素早く手放してしまったほうがいいのではないでしょうか。

そうすれば、その感情につなぎ留められてトラウマとなっていた記憶も、もはや嫌な思い出ではなくなります。「ああ、なんかそういうこともあったね」と、ただの記憶として捉えられるようになったり、「これがあったから、今があるんだ」といった「気づき」に変わり、ポジティブな経験に置き換わることもあるのです。

6 反応しない

多くの人は、すべてのことに反応しすぎています。

自分が受け取らなくていいことも受け取り、反応することで疲れているのです。

たとえば、職場で上司や取引先、お客様から怒鳴られたとします。

怒鳴られたときは、ビクッとしてしまうかもしれませんし、何も言葉を返すことができずフリーズしてしまうかもしれません。でも、その怒りは、怒鳴っている人のものです。

あなたのものではありません。

たとえ「おい並木、お前がどうのこうの」と名指しされようが、すべては怒鳴っている本人の問題なのです。

これは、相手と自分のどちらが悪いのかという話ではありません。ただ事実として、怒鳴っている状況は、その人の中にあるものをただ外に投影しているだけなので、怒りを表現している本人の問題である、ということです。

言い換えれば、怒鳴られている「僕」はまったく関係ありません。

この事実に気づくことが第一です。それが、余計な反応をしない第一歩になります。

自分が責められている、自分がなじられている、自分が怒られている……と、相手の言葉や感情を真に受けてしまうから、傷つくのです。

そうではなく、誰かが怒りをぶつけてくるのは、もともと、その人の中にあるものを「私」に投影しているだけなんだ、と知ってください。そして、それは自分の場合も同じであることを理解しましょう。

一度聞いただけでは、すぐに理解することはできないかもしれません。

けれども、怒鳴られたり、嫌味を言われたり、批判や非難をされたりといったことがあるたびに、出来事の本質に目を向け、心の中で「あ、これは私自身のことでなく、この人の問題なんだ」「この人の中にあるものを、こうやって私に投影してきてるんだ」と意識的に捉えようとすると、だんだんわかるようになります。

最初のうちは、不意に怒鳴られたりすると、「うっ」となるかもしれません。

でも、「これはその人の問題」と捉える習慣をつけると、だんだん相手の感情を個人的に受け取らないというスタンスができあがっていきます。

そしてあるとき、同じようなシチュエーションに遭遇したときに、「あれ、前はあんなに萎縮してたのに、今は結構、平然としていられるな」と、過剰に反応していない自分に気づくでしょう。

受け取らなければ、言った本人に返っていく

お釈迦様にもこんなエピソードがあります。

釈迦が弟子を引き連れていろいろな村を回りながら説法をしていたときに、ある村で一人の村人が釈迦に罵詈雑言《ばりぞうごん》を浴びせかけてきたのです。それはもう聞いている弟子たちのほうが苦しくなるぐらいにひどい罵倒でした。

ところが、釈迦は一言も反論せずに、ただ黙っています。

その村人はひとしきり罵詈雑言を浴びせかけると、疲れたのか、捨て台詞を吐いてどこかへ去っていきました。その村人が去ったあと、弟子たちがわなわなと震えながら「師はなぜあんなことを言わせておくのですか？　なぜあんなにひどいことを言われても黙っているのですか？」と尋ねると、釈迦はこう答えたのです。

「私が彼の言葉を受け取らなかったら、その言葉は誰のものか？」

その釈迦の言葉を聞いて弟子たちはハッとした、というお話です。

つまり、「その言葉は、すべてその人自身のものなのだよ」と、釈迦は言っているのです。

その村人が言った言葉を、釈迦が真実であると受け入れたのであれば、その言葉は釈迦のものになります。

でも、釈迦が、それは自分の真実ではないと、微動だにせず受け入れなければ、その言葉はそのまま言った本人に返るのです。

何を言われても受け取らなければ一切関係ない、私がそれを自分のものとして受け取ったときにのみ、成立するんだよ――。そう、お釈迦様は諭《さと》したのです。

ここで、もう一つ簡単な例を挙げましょう。

３人いて、そのうちの２人は自分のことを馬鹿だと思っているとします。本当はそうではないのに、自分でそう思い込んでいるのです。そして、もう１人は自分のことを馬鹿だなんてまったく思っていません。

そんな3人が一緒にいるときに、周りで「バーカ」という声が聞こえました。すると、自分のことを馬鹿だと思っている2人は（え、私のこと言った？）（え、俺のこと？）と、その声にビクッと反応するのです。

でも、自分のことを馬鹿だなんて思っていないもう1人は、「え、誰のこと？」「なんか、騒いでいる人がいるね」で、おしまい。それ以上、何も思うことはありません。自分で自分のことを馬鹿だと認めていない限り、その言葉に反応すらできないのです。

どんなにひどい言葉を浴びせかけられても、どんなに真っ向から罵倒されても、あなたがそれを自分のものとして受け止めない限り、真実だと受け入れない限り、傷つくことはありません。

もしも誰かの一言に傷ついたとすれば、あなたがそれを真実だと受け入れたということ。傷つくことに自分でＯＫを出したことになるのです。

自分にとって必要のない言葉をわざわざ受け取りに行く必要はありません。

「これは自分の問題ではなく、相手の問題である」と理解したなら、冷静に「はい、はい」と聞いていればいいのです。あなたが受け取らなければ、その言葉は相手に返っていきます。

ＳＮＳの誹謗中傷も受け取らない

ここまでお伝えしたことは、ＳＮＳ上でも同じです。

YouTubeは最近、バッドボタンの数が表示されなくなりましたが、表示されていた頃には、１０００人が「グッド」と言っていても、たった3人の「バッド」にとらわれてしまうような人がいました。「たったの3人よ？　１０００人が『いいい！』って言ってくれてるんじゃない？」と思うのですが、悪い声のほうを気にしてしまうのです。

ここでも「反応しない」というあり方がとても役立ちます。

YouTubeにしてもTwitterやInstagramなどにしても、バッドコメントにとらわれてしまい、ＳＮＳ上で自由に表現することを躊躇《ちゅうちょ》する人が多いですし、あーでもない、こーでもないと不満や誹謗中傷をぶつけてくる人もいますが、それは全部、その人の問題なのです。

「自分の中にあるものを私に投影してるんだな」と捉え、それ以上、反応する必要はありません。事実、そうなのですから。

与えたものを受け取るという法則があります。それこそ、あなたが受け取らなければ、そのコメントは書いた本人にブーメランのように返っていくのです。

なぜ、すぐに言葉が荒くなったり、ＳＮＳ上で攻撃的になる人がいるのでしょうか。

それは、その人自身が傷ついているからです。そして、たとえば、もうそれ以上傷つきたくないので、なめられないように虚勢を張り、攻撃は最大の防御なり、とばかりに自ら攻撃を仕掛けて、身を守ろうとしているのです。また、攻撃の対象となる人の意見や主張が、何らかの形で自分の立場やあり方を脅かす、という不安や怖れがベースになっている場合もあります。

いずれにせよ、その人の攻撃的な意見や感情を、あなたが受け取る必要はありません。

SNS疲れは、バランスが崩れているサイン

SNSで発信すると、いろいろな思いを持って乗っかってくる人がいます。

あなたが発信した文章や写真に対して、コメントという形で自分の中にあるものを投影してきます。ポジティブなものもあれば、ネガティブなものもあるでしょう。

そのネガティブなコメントに振り回される人もいれば、まったく気に留めない人もいます。その違いは何かと言えば、その人自身がバランスされているかどうかです。

言い方を変えれば、自立しているかどうか、なのですね。

自分のバランスが取れていると、ネガティブなエネルギーの乗ったコメントが届いても、影響を受けません。あるいは、受けづらくなります。

逆に、否定的なコメントを見ることで、その影響を受け、疲れ果ててしまうという人は、自分自身のバランスがうまく取れていないということ。そんなときは、「どうしたら自分のバランスを取ることができるかな?」と、ライフスタイルを見直してほしいのです。

シンプルに、自分に心地よさを与えてあげることで、バランスを取ることができます。「こひしたふわよ――心地よい、惹かれる、しっくりくる、楽しい、腑に落ちる、ワクワクする、喜びを感じる」の感覚をぜひ思い出してください。

また、食のバランスを取ること、生活のリズムを整えることも、バランスを取ることにつながります。

そうやってバランスされてくると、自分のエネルギーを上手に扱えるようになるので、自分に対してネガティブなエネルギーを向けられたとしても、簡単にはじいたり、いなしたりできるようになるのです。

そうすると、今までと同じようにＳＮＳで発信しても、「あれ、今までみたいに疲れないな」と変化を感じられるでしょう。

結局、疲れてしまうのは、自分自身が何らかの形でバランスを崩しているから。ネガティブなエネルギーを送ってくる相手に意識を向けるのではなく、「今はバランスの取り方を学ぶことが大事なんだな」と捉えて、自分のバランスを取ることに集中してみてくださいね。

自分に響くものだけを受け取る

怒りをぶつけられたときにも、SNS上で悪意のあるコメントを投げかけられたときにも、まずは条件反射のように反応しないこと。

そのうえで、もしも相手が言っている内容の中に「あ、ここは自分でもそう思う」と納得する部分があれば、それは自分で受け取った部分なので行動を変えていきましょう。

たとえば「感謝が足りない」と言われたときに「確かに感謝が足りないな」と思ったら、感謝の気持ちを、しっかり表現していくのです。それは自分を高めていくことにつながるのですから、とてもポジティブなことですよね。

相手が言っていることの中で何を受け取るのか、その取捨選択をするには、「個人的なこととして受け取らない」という客観性が欠かせません。

なぜなら、ビクッとして怖い、辛いといった感情に飲み込まれているときには、たとえ相手の言うことが事実だったとしても受け入れられませんよね。自分で「そうだ」とわかっているからこそ認めたくなくて、怒りで返してしまう……ということもあります。

けれども、感情的に反応せず、客観性を保つことができていれば、たとえば「あ、確かにそうだな。感謝が足りてないな」と感じたときには、「もっと感謝に意識を向けてみよう」と、相手から受け取ったものをポジティブに活用することもできるのです。

いずれにしても客観性を保つ、反応しないというあり方は役に立つということです。

7　頭の声ではなく、魂の声に従う

ビビビッときた。ビビビッとくる人――。

そんな言い方がありますよね。

「この〝ビビビッ〟は、運命の人なのでしょうか？」

そんな質問をいただくことがあります。

運命の人をどう捉えるかにもよりますが、少なくとも、ビビビッは魂の声ではありません。「ビビビッときた」というと、なんとなく魂のお告げのように思うかもしれませんが、魂の声はビビビッではなく、どちらかというと「モワーン」とした感覚なのです。

魂の中心は、みぞおちにあります。左右の胸の間の少し窪《くぼ》んだ部分です。

魂が訴えているときは、お腹のあたりやみぞおちから「モワーン」もしくは、「何となく」といった形で、胸にかけて何かが上がってくるような感覚を抱きます。

英語で「gut feeling」という表現があります。直感や勘、第六感などと訳されますが、「gut」は腸のこと。腸が感じること、お腹からやってくる感覚、奥底からモワーンと上がってくる感覚が、魂の声なのです。

〝ビビビッ〟の正体

会った瞬間に、ビビビッと電気が走るような感覚がした――。

これは一体何なのでしょうか。

それは頭で捉えた感覚です。頭とつながっているのは自我やエゴ。つまりは、ビビビッとくるのは自我・エゴの反応であって、簡単に言えば欲が絡んでいる可能性が高いのです。

欲を追いかけてしまうと、魂が喜ぶ道からはそれてしまいます。本当の意味で豊かさを感じられなかったり、幸福感を感じられなかったり、満たされなかったりするのです。

だから、たとえば誰かと会って、「いいな」と感じたときには、それが頭で感じているものなのか、ハートやみぞおちで感じている魂の声なのか、自分で確かめる必要があります。

たとえば、結婚したいと思っていて、それはなぜなのか、自分と向き合って心の声を感じてみると、「ああ、やすらぎが欲しい」と、モワーンと上がってきたとします。

それは、魂が求めているものは「やすらぎ」であるということなのですが、頭では「刺激を求めている」こともあるのです。

そうしてあるとき、ビビビッとくる人に出会って、「あれ……この人が、運命の人なんじゃないかしら」と思ったとします。

実は、そういう人がいちばん危険だったりするのです。

ビビビッときたということは、その人は、あなたの魂が求めているやすらぎをもたらしてくれる人ではありません。あなたの自我が求めている刺激をもたらす人なのです。

つまり、女性関係に問題があるかもしれませんし、お金の使い方がめちゃくちゃかもしれません。そういうことも含めて、あらゆる形であなたの人生に刺激を与えてくれる人なのです。

刺激にはポジティブなものもあり、刺激が良い悪いということではありませんが、いつも浮気されることにビクビクする、もっと言えば、DVにビクビクするというのも刺激なわけです。

「え、どうして？　あんなにビビビッときたのに。運命の人だと思ったのに」と思うかもしれませんが、ビビビッときたということは、あなたのエゴが反応したのであって、魂の反応ではありません。

もっとシンプルな例を挙げると、２人の男性がいて、１人は全然さえない風貌で、もう

１人はものすごいイケメンだったとします。でも、そのさえない人に会うと、なんとなくモワーンとくるのです。

一方で、イケメンのほうは「すごくかっこいい！」と、まさにビビビッとくる。このビビビッという感覚に比べると、モワーンとした感覚は弱いのです。すると、ほとんどの人が前者を選んでしまうのですね。わかりやすい刺激で選んでしまうからです。

振り回されてもいいんです、どうしてもこの刺激を味わいたいんです、覚悟の上なんです、ということであれば構いません。

でも、本当の意味で満たされたい、豊かになりたい、幸せになりたいと思うなら、魂の声を聞くことです。それは断言できます。

自我やエゴを優先したとき、一時的には満足するかもしれませんが、結果的には「なんでこんなことになっちゃったんだろう」「どうしてこっちを選んじゃったんだろう」ということになるのです。なぜなら、魂は、その人の本当の意味での幸せや豊かさを熟知していますが、自我やエゴはそうしたものを一切理解していないからです。

だから、自立するために「自分を大事にしよう」と思っていても、刺激に惑わされて、

〝頭の声〟に行動を一致させていたら、本当の意味で自分を大事にすることにはなりません。


あなたが聞いているのは魂の声ですか？

それとも頭の声ですか？

わかりやすい刺激に惑わされないようにしましょう。

魂につながっていると、言葉が流れてくる

プレゼンやスピーチ、講演など、人前で話をするときにも、魂の声に耳を傾けることでその場に調和する言葉があふれ出てくるようになります。

自分にしっかりつながっていると、何を話せばいいかがわかるのです。

でも、自分から離れてしまった途端に、「何を話したらいいんだろう」と頭で考え始め、かえって真っ白になります。

僕は、ワークショップや講演会など、たくさんの方の前でお話しさせていただく機会が

多いのですが、毎回、何を話すかは事前に決めていません。もちろん、その時々のテーマは決まっていますので、そのテーマに沿ったお話をしようといった意図はあります。

なので、レジュメのようなものは一切用意せず、舞台に立って、ただ自分の魂につながるだけなんですね。

すると、その瞬間に、自分にとっても周りにとっても最善の内容が、言葉になって、あふれるように出てきます。このとき、頭は使っていません。ただ流れ込んでくる周波数を言葉に翻訳して表現しているだけです。

頭で考えようとすると、「えっと、えー……」と詰まってしまいがちですが、魂につながっていると、「今、話してください」と、突然言われたとしても話すことができます。話すことを準備するとかしないとかいったことは関係ないのです。

「そんなの、誰もができることじゃないですよね？」と思うかもしれませんが、誰かができるということは、自分にもできるのだということを知っていただけたらと思います。

僕も、今でこそ「口から先に生まれたんじゃないの？」なんて言われるほど、２時間でも３時間でも４時間でも、何時間でもペラペラとしゃべっていられますが、最初は、もちろん緊張しましたし、初めてのワークショップのときなんて、笑顔が引きつっているのが自分でもわかるほどでした。

それに、最初の頃は事前に何を話すかを考えて、ちゃんとその日のレジュメを作っていました。セミナーをやり始めたのが、今から14年ほど前のこと。当初は会場にいらっしゃる方も30名弱だったので、手書きで作ったものをコピーして配っていたのです。

最初に何を話し、次に何を話して、その次は……と順番までしっかり考えて作り上げ、それに沿って進めていました。

ただ、そのレジュメ作りは、当日の朝までかかるときもあったのですね。

そしてあるとき突然、作れなくなりました。どうやっても進まないのです。「え、どうしよう?」と思いながら夜がふけていき、仕方がないので少しだけ寝て、レジュメのないまま会場に向かいました。

ものすごくドキドキして会場に着いたのですが、できていないものは仕方がないと開き直ってその場に立ったら、情報というエネルギーが、ドッと流れてきたのです。

そのとき「あ、これなんだ」とハッとしました。僕はこの感覚を体験するために、急にレジュメを作ることができなくなったんだとわかったのです。

それが２０１６年ぐらいのことでしょうか。それ以来、レジュメ作りはやめました。それでも最初のうちはちょっとだけ箇条書きのメモを用意して片隅に置いていましたが、結局使わないので、今では、自分の魂につながって流れてくるものをお話しするというスタイルが定着しています。

ハートから話すと柔らかくなる

レジュメを作ることがいけないわけではありません。作るほうがしっくりくる人は用意すればいいのです。ただ、僕自身はそのやり方がしっくりこなくなったというだけのことです。

それに、今のスタイルのほうが聴いてくださっている方に深く届くようです。頭で絞り出す言葉より、ハートから流れ出る言葉のほうが相手に響くのでしょう。

事前に用意している内容は、前もって考えているわけですから、完成度は高いと言えるかもしれません。

でも、どこか杓子定規《しゃくしじょうぎ》になってしまうきらいがあります。「今」その場で感じることを表現している人の言葉のほうが、たとえ話し方はたどたどしかったとしても心に響くのではないでしょうか。

また、ハートから話したほうが、その人の人となりを含め、ハートの温かさや柔らかさも加わるため、そのことも、言葉が伝わりやすくなる理由の一つです。

ラジオ番組にゲスト出演してくださった、教育評論家の尾木ママさんこと尾木直樹先生も、「ハートにつながって流れてきたことを声に出しているだけだから、壇上に立ったらすぐに話せるのよ」とおっしゃっていました。確かに、尾木ママさんの場合、頭ではなくハートにつながっているのがよくわかります。だから、よどみなくいくらでも話せるのでしょう。

ハートにつながって話す方法

これは、尾木ママさんだから、僕だからできるわけではありません。自分のハート、魂につながりさえすれば、誰もができます。

まずは、意識を頭ではなく、ハートに向ける練習をしましょう。

「えーと、えーと」と話す言葉を考えているときには、意識が頭にいっているな、とわかると思います。そうではなく、胸の真ん中あたりに意識を置いてみると、「あれ、考えられない」もしくは「考えにくい」と感じるはずです。考えようとしても、考えづらいのです。

考えられない代わりにどうなるかと言うと、ハートとのつながりから表現ができるようになります。その状態で行動すると、ハートから行動することになり、同じようにハートに意識を置いた状態で話すとハートから話すことになります。

ハートに意識を置く感覚がわかりにくいときには、「ここだよ」と教えるように、胸の真ん中あたりをトントントンと何回か叩いてみてください。そうすると、意識がそこに向きやすくなります。

ただ、緊張すると意識は頭に上がります。そうしたときは、エゴが支配している状態だからです。

逆にリラックスできているときには、ハートとつながっています。

なので、エゴに支配されているなと気づいたら、その「緊張」を手放しましょう。

手放す方法は、もう知っていますよね。

「緊張を使っていること、認められる？」「緊張を手放すこと、ＯＫ？」「じゃあ、手放そう、今！」と、３つのステップを心がスッキリするまで繰り返しましょう。

もしも、それでもどうしても手放せないときには、お辞儀をするように上半身を前に倒して「フーッ」と息を吐き出します。立って行なっても座って行なっても、どちらでも構いません。息を吐くのと同時に緊張を押し出すようにすると、少し楽になるのを感じるはずです。

少しでもリラックスできたと感じたら、ハートに意識を向けてみましょう。つながりやすくなるのがわかるはずです。

「本当に自分にできるかな」「言葉が出てこなくなったらどうしよう」「言いたいことを忘れちゃったらどうしよう」など、いろいろな不安が出てくるかもしれませんが、そうするとまた頭につながっていってしまいます。

そもそも、うまく話す必要などなく、「自分らしく」話せばいいのです。うまく話そうとすればするほど緊張してしまうのですから、「自分らしく、自分の言葉で、ハートから話そう」という意図を持って話せばそれで良し、といい意味で開き直ることで、リラックスできるでしょう。

まずは、ハートに意識を置きながら話してみようと意図すること。

そのとき、もし簡単なメモ書きを用意しておいたほうが安心する、しっくりくる、手元に何もないとかえって緊張してしまうというときには、手元に置いておいてもいいのです。そのうえで、ハートに意識を向ければＯＫです。

その場を味方につけるイメージの力

また、もう一つ、ぜひ試していただきたいのが、イメージの力です。

会議でも、スピーチやプレゼン、講演といった場でも、ちょっと緊張するなというときには、胸の真ん中にあるハートからマゼンタピンクのエネルギーがあふれ出し、その場を包み込むようにイメージしてください。マゼンタピンクがわかりにくければ、ピンクでも構いません。

ピンク系の色は、ハートにつながる色。中でもマゼンタピンクは、無条件の愛を象徴する色です。

そのマゼンタピンク（またはピンク）のエネルギーで、会議であれば、その会議室や、かかわっている人全員を包み込むのです。

すると、自分の場ができ、それは自分のテリトリーを作ることになるので、グッと話しやすくなるわけです。


人前で話すのが苦手な人は、その場にいる一人ひとりからのエネルギーを圧として感じ、雰囲気に呑まれたり、押されたりしてしまうことがあります。それで、ますます自分を表現できなくなってしまいます。

それを避けるためにも、自分からエネルギーを発してやさしく包み込んで、自分の場を作ってしまうといいのです。イメージなので、１００人でも５００人でも１０００人でも包み込めます。もちろん、１人、２人のときにも有効です。

このエネルギーの流れは、そこにいる人たちを話し手である自分のほうにグッと引き寄せる力を持っています。


これからはますます本音を表現することが求められる時代になります。

みなさんも、テレビで話している人を見て「あれ？」と違和感を感じることがありませんか？　なんだかこの人、嘘っぽいな、話していることと思っていることに、一致感がないな、など。

本音で表現する人が増えていくからこそ、本音で話していないと見抜かれることが多くなるのです。

とにかく、まずは「自分のハートにつながり、マゼンタピンクのエネルギーで、その場を包み込みながら話す」ということを、意図することから始めましょう。

8 愛を出し惜しみしない

メールを送ったのに返信がこない。

メッセージが既読スルーされる。

相手に対してこんなに気を遣っているのに思った反応が返ってこない。

こうしたことにモヤモヤしてしまう人は多いかもしれません。

こんな台詞もよく耳にします。

「私、『ありがとう』って言われたいから、やったわけじゃないのよ。全然そういうんじゃないの。でもさ、やっぱり一言ぐらいお礼を言ってもいいよね」

これ、矛盾していますよね。

これらはすべて「これだけやったんだから、その分は返してよ」「やってあげてるんだから、お礼ぐらい言ってよ」という見返りを求める行為です。

愛には無条件の愛と条件付きの愛がありますが、先ほど挙げたものはどれも条件付きの愛なのです。

自我やエゴとくっついた、カッコつきの〝愛〟です。

こうした条件付きの愛はいたるところで見られます。親子関係でもよくある光景です。

「言うことを聞きなさい、お菓子買ってあげるから」

「あれ買ってあげるから、ちゃんと勉強しなさい」

こんなふうに、子どもの頃に親から言われたことはありませんか。あるいは子どもに言っていませんか。

これらは結局、「私の言うことを聞けば、かわいがってあげますよ」「私の言う通りにすれば、愛してあげますよ」という支配。相手へのコントロールです。

本来の愛とは異なります。

自分にある「欠け」を相手に求めてしまう

自分がやったことに対して相手に見返りを求めるのは、そんなにいけないことですか？

そう問われたなら、もちろん、いけないというわけではありません。

欲するのは、ただの発露です。自分の内側にあるものが表に出ただけ。のどが渇いたからお水が欲しいというのと同じような反応です。

では、何の表われなのかというと、自分の中にある無価値感や不足の意識です。自分に何か欠けがあるように感じている、足りないものがあるように感じているから、相手や現実、他人に求めようとするのです。

テイカー（taker）という言い方がありますよね。

与える人（giver）の逆で、多くのものを常に受け取ろうとする人、人から奪おう、取ろうとする人のことです。

自分の欠けを埋めるために「欲しい、欲しい」という気持ちが肥大化し、やがては手あたり次第に何でももらおう、何でも取ろう、何でも奪おうとして、モンスター化してしまう。あるいは、自分が欲しいと思う形で応えてくれるまで、相手にしつこく付きまとってストーカーのようになったりするのです。

そうなる前に立ち止まらなければ、本来の自分をますます見失っていくことになります。

受け取るかどうかは、相手の自由

自分自身が満ちた状態であれば、「やってあげる」という意識にはなりません。やりたいからやる。与えたいから与える。そのシンプルな意識です。「やってあげる」「与えてあげる」のではありません。


本来の気遣いもそういうものです。

「何かやってあげられることはないかしら」という、やってあげることを見つけようとする意識で見回すのではなく、自分につながっていると、自然に「必要なこと」に意識が向くようになるので、パッと見た瞬間に「あの人は、これを必要としているな」とわかるのです。だから、「何かできることはある？」と声をかけてみたりするのですね。

つまり、自分がそう思ったから声をかける、自分がそうしたいからそうする、というだけなのです。

このシンプルな意識になったときには、自分がやったこと、与えたことを相手が受け取ろうが受け取るまいが、お礼を言おうが言うまいが気にすることはなくなります。なぜなら、あなたはやりたいからやっている、だけなのですから。

そもそも、誰かに対して自分が何かを提供したときに、それを相手が受け取るかどうかはその人の自由です。

たとえば、メールを送ったのに返信がこない、既読スルー状態になった……としても、仕事などの同意の上での責任が伴わなければ、あなたが送ったメールを見て返信しなければならない義務などないのです。

なので、「ねぇ、私の話、聞いてる?」とイライラする人がいますが、相手には、あなたの話を聞かなければならない理由はありません。

つまり、相手は、あなたの期待に応えるために、ここに存在しているわけではない、ということです。それは、あなたと相手が逆になっても同じです。

気づいたときがチャンス

無条件の愛から行動したときには、相手がお礼を言わなかったり、自分のことを見向きもしなかったとしても、あなたは満ちています。

でも、もし相手が期待していた行動を取らなかった、「ありがとう」と言ってくれなかったなどと、落ち込んだり、傷ついたり、イライラしたり、ネガティブな感情を抱いたとしても、それを否定したり、ジャッジする必要はありません。

むしろ、そういう感情が湧いてきたときこそ、チャンスなのです。

今までと同じように、「私『ありがとう』って言われたいわけじゃないんだけど、でもさ……」と友だちに愚痴を言い続ける人生を送るのか、それとも、そんなことはもうやめて真実の愛に目醒める人生を送るのかという「選択」の機会が与えられているわけです。

「私は『ありがとう』って言われたかったんだな」「それは条件付きの愛だったんだな」と認めて、傷ついたとか、怒りが湧いてきたなど、捉えたネガティブな感情をただ手放すことで、あなたはもっと軽やかになることができます。

それまでは「ありがとう」と言われないと腹を立てていたのに、その反応がスッと抜けていきます。

そして、無条件の愛という本物の愛に一歩ずつ近づいていくのです。

ペットを通して無条件の愛を知る

見返りを求めるのが条件付きの愛なら、無条件の愛とはどういうものなのでしょうか。

愛とは、何か特別なことをしてあげることや、相手が望む愛し方で接してあげることだと思っていませんでしたか？　「無条件」とはまさに「条件がない」ので、特定の形があるのでは、もちろんないのですね。

もっとも難しいレッスンの一つと言われる、この愛は、「そのままを、ありのままを認める」こと。

その人が、怠けて眠っていようが、文句ばかり言っていようが、どんな状態にあっても、その人をただ丸ごと受け入れてあげること。

それが、無条件に愛するということです。

もちろん、口で言うほど簡単なことではありませんが、もしペットと暮らしたことのある人なら、そのペットのことを思い浮かべてみてください。

ペットに対しては、多くの人が無条件の愛に近い愛を表現できているのです。

動物は話せないし、人間と同じようにできるわけじゃないからという前提でかかわっているからかもしれませんが、ペットなら、どんな状態であっても、どんなことをしていてもかわいがる、愛する、受け入れるということを自然にやっているのではないでしょうか。

何をするわけでなくても、ただそこにいるだけで愛おしいと感じる感覚です。

ですから、無条件の愛の一端を感じてみたかったら、ペットを飼ってみることは、おすすめの方法の一つと言えるでしょう。

ペットを通して「ああ、こういう感覚なんだ」「なるほど、こういう感覚が無条件の愛に近いんだ」とわかったら、その視点と愛の感覚を自分のハートに保とうとしてください。

そして、その愛を、両親、兄弟姉妹、パートナー、そして友人、あるいは会社の上司、部下、同僚、その他すれ違った人などにも向けてみるのです。ペットに向けていた、ただ丸ごと受け入れるという無条件の愛のあり方を、周りの人にも向けてみようとチャレンジしてみてください。

そうすることで、自分の愛の幅を広げていくことができます。

無条件の愛とはこういうことか、と体感することができたなら、その感覚を、少しずつ広げていけばいいのです。

こうして、無条件の愛を意識することで、自分の中に愛が満ちていくことになります。

そして、無条件の愛の視点とあり方に一致できるほど、見るもの聞くもの触れるもの、すべてが愛おしくなります。

ただし、ここで誤解してほしくないのですが、自分が愛をもらいたいから、愛で満たされたいから周りに愛を送るというのは、違います。それは無条件の愛ではありません。

先述しましたが、この宇宙には、与えたものを受け取るという法則があります。これは揺らぐことのない、絶対的な法則です。

「ということは、愛を送ったら、私に何倍にもなって返ってくるのね」

そんなふうにエゴがささやくかもしれません。エゴは、テイカー（taker）ですから。

でも、たとえば、あなたがAさんに愛を与えたとしても、その愛は必ずしもAさんから返ってくるとは限りません。BさんやCさんから返ってくるかもしれませんし、全然知らない、地球の裏側の人から届くことだってあるのです。つまり、どのように返ってくるかは宇宙のみぞ知るというわけです。

とにかく、愛を出し惜しみしないこと。

出し惜しみするのは、無条件の愛ではありません。

「君が愛してくれたら、僕も愛してあげるよ」「これをしてくれたら、望みを叶えてあげてもいいよ」というようなあり方は、本当の愛ではありません。損得勘定で何かを与えれば、自分のもとに返ってくるものも、中途半端なものにならざるを得ないのです。

愛の目を向けると本質があふれ出す

無条件の愛は、相手を変えようとする愛ではありません。そのままを認めて受け入れる愛です。

もちろん、難しく感じることはあるでしょう。

人間は感情の生き物ですから、周りの人とのかかわり合いの中でネガティブな感情がふつふつと湧いてくると、「なんでこんなやつに愛を与えなきゃいけないんだ」と思ってみたり、無条件の愛を与え続けることは容易ではありません。

でも、そういうときこそ、自分の中に芽生えたわだかまりや怒りなど、ネガティブな感情を手放して、無条件の愛の視点を保とうと意識してみてください。

すると、あなたが変えようとしなくても、周りが自然に変化していくことがわかるでしょう。

僕たちに限らず、すべてのものは変わらずにはいられません。植物が芽を出し、葉を大きくし、花が咲いて実がなるように、変化は僕たちにとってナチュラルなことなのです。

愛の眼差しを向ける、つまり無条件の愛の意識で見守っていると、相手はリラックスし、その人の本質が現われることで、いきいきし始めます。

それは、あなたが自分の本質に一致して存在しているときでもあるからです。

なので、どうぞあなた自身のことも、無条件の愛の目で見始めてください。

自分がどんな人間であっても、やりたいことができていなくても、年中愚痴ばかり言ってしまう自分であっても、物事を先延ばしにしてしまう自分であっても、人に優しくできない自分であったとしても、すべてにオールＯＫを出してあげてください。

そのままを認め、受け入れ、愛してあげてください。

どんな自分でも否定せず、認めてあげることで自己肯定感が上がります。それでは、成長がないんじゃないか、ダメな人間になってしまうんじゃないか、と思いますよね？

でも、「現状を否定するのではなく、肯定することで、人は次のステージにスムーズに進んでいくことができる」というのが、宇宙の真実なのです。

「現状がどのように見えようとも、今この瞬間、それはそれで完全であり完璧である」という、「ありのままの完全性を見出すことが、成長のプロセス」として大切な要素になっているからです。

変化する余地を与える

たとえば、鬱々《うつうつ》として気持ちが落ち込んでいるときにも、まずはそのままの自分を受け入れてあげてください。

こんなうつ状態の自分ではダメだ、などと否定しないでほしいのです。早くここから抜け出さなきゃ、元気にならなきゃといった焦りは、今のままではダメであると否定しているからこそ生まれるものなのです。

もちろん、最初は１００％そう思えなくてもかまいません。ただ、「そんな自分でもいいじゃない」と、自分で自分に言ってあげましょう。そして、鬱々としている今の自分を受け入れようとしてみてください。

病気のときも同じです。

自分を否定するのではなく、病気の自分を受け入れてあげる。でも最初は「なんで自分がこんなことに」とか「病気になるなんて情けない」など、いろいろな思いが出てくるかもしれません。

でも、自分が自分を受け入れてあげなければ、誰も認めてくれませんし、受け入れてもくれません。

本当の意味で認め受け入れられるのは、自分自身しかいないのです。

まずは、「そんな自分でもＯＫだよ」と、自分を抱きかかえるようにして言ってあげてください。そして「よくやってるね」と声をかけてあげてください。

すると「そんなわけがない。私はうまくできてないし、よくやってもいないし……」などと、エゴがアレコレ言ってきます。それでも、その言葉に耳を傾けるのではなく、自分を認めてあげることに意識を使ってほしいのです。

「よくやってるよ。大丈夫だよ。うつの自分だって、それはそれでいいんだよ」と、まずは受け入れてあげること。

そうすると、だんだん自分の中に余裕というスペースができてきます。

逆に否定すれば、スペースはどんどんなくなり、窮屈になるのです。それは誰かを批判するときも同じで、結局、自分で自分の首を絞めることになるわけです。

否定するのではなく、まずは受け入れてあげることで、自分にスペースを作ってあげましょう。スペースができれば、家族や友人、または見ず知らずの人、あるいは世界から、あなたに向けられていた愛に、もっと気づくことができるのと同時に、さらに受け取ることができるようになるでしょう。

そうすると、自分は「愛されている」「認められている」「受け入れられている」と、感じられるようになり、さらに余裕が生まれることになります。


それは、うつ状態である自分に、光が差し込むような体験になり、「ああ、こんな自分でもいいのかもしれない」と、ますます自分を受け入れられるようになります。それによって、本来の自分とのつながりを取り戻すことで、認識力も拡大し、新たな可能性が視界に入ってくるようになるのです。

それは、うつ状態からの解放も意味していますが、それは抜け出そう抜け出そうとした結果ではなく、自分を受け入れることによって起きる、自然な変化のプロセスであると言えるでしょう。

もし、まわりにうつの人がいて、あなたが何かしてあげたいと思ったら、無条件の愛を与えてあげてください。ただ、ありのままを認めて受け入れ、「そのままでいいんだよ」という視点で見守るのと同時に、前述したようにマゼンタピンク（ピンク）の光で、その人を包み込むイメージをしてあげることも役立つでしょう。

これは、うつの人であれ、病気の人であれ、見ず知らずの人であれ、とてもいいサポートになります。なぜなら、無条件の愛はすべてを変容させるエネルギーだからです。「変容させる」とは、変えようとすることではありません。変化する余地を与えるということです。

無条件の愛を与えることで、相手の中にも愛があふれ、本質が輝き始めます。そのポジティブな影響力が、ナチュラルに、その人に変化を促すことになるのです。

9　「当たり前」なことは一つもない

前項では「愛を出し惜しみしない」ということについてお話ししましたが、もう一つ、出し惜しみしないでいただきたいのが、「感謝」です。

僕たちは日常、「そんなの当たり前」という言葉を、普通に使ったりしますが、「当たり前」というのは、一つもありません。たとえば、「何かしてもらったら、ありがとうというのは当たり前」などと言ったりしますが、ありがとうは、漢字では「有難う」、つまり「有る」ことが「難し」と書きますよね。つまり、当たり前のことなど何一つなく、あなたの「周りのすべてに感謝」なんですよ、ということになります。

ところで、あなたは今朝、目が覚めましたよね。でも、朝に目を覚ますことだって当たり前ではありません。寝ている間に息を引き取り、二度と目が覚めないことだってあるのです。だから、朝になって目が覚めたこともありがたいことになります。

仕事にしても、一人ひとりが会社に来て、それぞれの役割を果たして「お疲れさまでした」と帰っていく。それも当たり前ではありません。会社に来てくれたこともありがたいこと、そして、それぞれの仕事を担ってくれることもありがたいことなのです。

そうやって「当たり前なことなんて、何一つない」という意識がベースにあると、すべてのことが「ありがたい」になり、感謝の気持ちがナチュラルに湧いてきます。

親子でも「当たり前」と思ってはいけない

親子関係でも同じです。「親が子どものために何かをするのは当たり前のことだと思うんです」と言う人がいます。逆に、「子どもが育ててもらった親のために恩返しをするのは当然のことだと思うんです」と言う人もいます。

親が子どもを育てることは、親としての責任を果たすという意味では当然と思うかもしれませんが、決して当たり前ではありません。

同じように、長年、苦労して育ててもらったからと言って、子どもが親孝行をする、年老いた親の面倒を見ることも当たり前ではありません。実際、そうした親子関係ばかりではないことは、あなたもご存知ですよね？

つまり、親も子どもも、やってもらうことを当たり前だと思ってはいけないのです。

たとえ、「親なんだから育てるのは当たり前よ」と親が言ったとしても、「子どもなんだから面倒を見るのは当たり前だよ」と子どもが言ったとしても、それに対して受け取る側は「ありがとう」なのです。

そういう意識でいると、お互い常に感謝し合える関係性でいられるため、風通しがさらによくなるのです。

どんな状態でも感謝はできる

当たり前のことなど何一つないというのは、自分の体にしてもそうです。

今、健康な人は、健康でいられることも決して当たり前ではありません。

一本一本の指も、左右の足も、今日一日体を支えてくれたのです。内臓だってそうですよね。「ああ、美味しかった！」と食べ終わったあとも胃が消化してくれて、眠くなって横になったあとも、まだ食べ物が残っていたらそれを消化し続けてくれます。

呼吸にしても、寝ている間もずっと止まらずにいられるのは呼吸器が働き続けてくれているからですし、それは心臓だって同じです。

それを思えば、体に対して「ありがとう」という気持ちが自然に湧き、もっと体を大切にしようと思いますよね。病気になると健康のありがたみがわかる、とよく言いますが、健康なときにでも感謝の気持ちを持つことはできるのです。

また、病気に対して感謝できる人もいますね。

病気になったからこそ、自分の人生をもっと大事にしようと思えた。

病気を経験したからこそ、身近な人との関係性をもっと大切にしていこうと思えた。

命には限りがあるんだと実感したからこそ、やりたいことに、どんどんチャレンジしようと思えた、など。

そんなふうにいろいろな気づきを得て、それが人生のクオリティを高めてくれたのであれば、病気という体験もやはり感謝できるものになります。

それがたとえ不治の病であったとしても、です。

僕たちはそれぞれ目的を持ってこの世に生まれてきていて、中には、「心身共に健康であることが、どれだけ恵まれていることなのかを知る」「絶望を経験することで、希望を持って生きることの大切さを知る」「限られた時間の中、命の尊さを心から理解する」といったことを学ぶために、あえてそうした状況を体験している人もいます。

つまり、こうした高度な学びによって、大切な気づきを得られることが、魂にとってはやはり感謝なのです。

そういう意識で過ごすことが、「病気があってもいきいきと幸せを感じながら生きることもできるんだよ」というロールモデルを作ることになります。そして、同じように病気を抱えている多くの人の希望になったり、光になったりするのです。

病気の人を身近で支えている人も、「この人を通して自分は何を学ばせてもらっているのかな」と意識すると、その体験はまったく違うものになります。

本当のケアとは何なのか、人間関係とは何なのか、愛とは何なのか――。

病気という状態を介したかかわりの中で、たくさんのことを学び、気づく機会を与えられているわけですよね。

そのことを本当の意味で理解できるようになると、「この人が病気であることを通して、学ばせてもらったことに感謝」「この貴重な機会を与えてくれた、この人に心からありがとう」となるのです。

意識的に感謝できることを探す

誰かに助けてもらったときに感謝するとか、素敵なことをもたらしてくれた人に感謝するとか、奇跡に感謝するというのは、ある意味、普通のことです。

でも、すでにお話ししたように、当たり前のことなんて一つもないのですから、本来はすべてのことに感謝なのです。

その感覚がなかなかわからないときには、意識的に感謝できることを探してみてください。

僕は毎朝、目が覚めて、ベッドから起き上がる前に感謝できることに意識を向けるようにしています。

朝、目が覚めたときにはまだボーッとしていますよね。このときには、通常の意識領域よりも無意識領域が活性化しています。潜在意識がオープンになっているのです。

起きがけのこのときにいきなりガバッと起きて布団から出るのではなく、布団の中で横になって、リラックスしながら、感謝できることを探します。

「今日も目を覚ますことができたな、ありがとう」

「呼吸して生きていられることにも、ありがとう」

「雨風を凌《しの》げる家があって、暖かい布団があるのも、すごく幸せなことだな、ありがとう」

「仕事があることにも感謝だな、ありがとう」

そんなふうに自分が今、持っているものに対して、「これも感謝だな」「あれも感謝だな」と、一つひとつに感謝していくのです。感謝できることに意識を向けることによって、自分の中の豊かさの意識が活性化し始めます。

僕たちの意識は、フォーカスしたものが拡大されるのでしたよね。感謝に意識を向けると、ますます感謝したくなるものが増えていくことになります。

そうやって豊かさに満たされた状態で起き上がり、僕の場合は、まだベッドからは下りず、ストレッチをします。その日も、体にお世話になるわけですから、「これから一日をスタートさせるよ。今日もよろしくね！」とちゃんと体に知らせてあげるのです。

そうやって、感謝と共に一日を始めることを習慣にしています。

また、「ありがとう」と思ったなら、その都度、相手に伝えましょう。

いつものことでも、それがその人の仕事であっても、今このときにやってくれたことはかけがえのない有難いこと。

「今度、伝えればいいや」と思っても、その今度が必ずくるとは限りません。今、その人に「ありがとう」と思ったのであれば、その気持ちは「今」表現しましょう。

10 ときには縁をほどき、つなぎなおす

人に会い、楽しい時間を過ごしたはずなのに、家に帰るとグッタリ疲れているということ、ありませんか？

たとえば、何人かのメンバーと食事に行って、「それなりに楽しかったはずなのに、何でこんなに疲れてるんだろう……」とか。

そういったときには、本当にそのメンバーと食事に行きたかったのか、その料理を食べたかったのか、そもそも出かけたい気分だったのかなど、「何か、本当の気持ちとは違うことをしていなかったかな」と自分に問いかけてみてください。自分の本心を感じてみると、「本当は気が進まなかったけど、長年の付き合いだし」とか、「いつものメンバーだから、まぁいいか」などといった理由で、選択していたことに気づくことがあります。

そしたら、それをやめましょう。

そのためには、即答しないことがポイントです。

たとえば、友だちに「食事に行かない?」と誘われたときに、いつもだったら「行く」と即答していたところを、「ちょっと待ってね」と一呼吸置いて、感じてみるのです。ちゃんと自分の心と向き合って、「あー、ちょっと気が乗らないな、私」と気づいたら、それは自分の本当にやりたいことではないということ。

であれば「ごめん。今回はやめとくね」とか、「今度、私から誘うね」などと伝えればいいのです。

断ったことで、もしも相手が「もういい、これから誘わないから」などと機嫌を損ねたとしたら、その人はそもそも、あなたが一緒にいる人ではなかったのです。手放すことで、スペースを空け、新たな素敵な人間関係を招き入れましょう。

何かにとらわれると視野が狭くなる

「あまり気乗りしていないことはわかってるんだけど、断れない」

「離れたほうがいいのかな、と薄々感じてはいるんだけど、離れられない」

そんな人もいるでしょう。

たとえば「ママ友とのつながりで、すごく嫌な思いをしてるんだけど、そこでつながっているAさんとだけは友だち付き合いを続けたい。この場から離れるとAさんともかかわりがなくなってしまうから、どうしよう」といったことがありますよね。

習い事や教室に長年通っていて、「最初の頃はすごく楽しかったのに、だんだん人間関係が変化してきて、居心地が悪くなってきたな……でも、せっかく今まで頑張ってきたし、それなりにお金もかけてきたし、もう少しで教えるための免許がもらえるのに、中途半端にやめてしまうのはもったいない」などというのもあるでしょう。

職場でもありますよね。ノルマが厳しかったり、どんなにまじめに頑張っても仕事が終わらなかったり、上司のパワハラがきつかったり、自分にとって心地よいとはとても言えない環境なのに、「せっかく正社員で入れたんだから」とか、「中途半端に仕事を投げ出すわけにはいかないから」などと、極限まで自分を追い込んで、自ら死を選んでしまう人もいるのです。

本当は、辞めてもいいのです。離れたっていいのです。「あなたの命より大切なことなどない」のですから。

いろいろと複雑な事情があるので、辞めるに辞められない、離れるに離れられないと思い込んでいる人が多いのですが、「この仕事をしていると、自分が自分でなくなってしまうような気がする」「ここは自分がいる場所ではない」「もう何の発展性も見出せない」などと、すでに気づいているのなら、それは、あなたの魂からのサインであり、あとは行動するのみなのです。

それなのに辞められない、離れられないのは、視野がものすごく狭くなっているから。「ここを辞めて、他にできることがあるんだろうか……」と、自分に自信がなかったり、「ここで結果を出せない自分はダメだ」と、無価値感に苛まれたり、「辞めたはいいけど、このご時世、次の仕事が見つからなかったらどうしよう」などと、恐怖を感じていたり……ネガティブな周波数に囚われていると視野はどんどん狭くなっていきます。もう顕微鏡的にしか、ものが見えなくなるので、現状にがんじがらめになって、身動きが取れなくなるのです。

でも、ちょっと想像してみてください。地球上に何人の人がいると思いますか？

以前、ブルゾンちえみ（藤原しおり）さんが言っていましたよね。「地球上に男は何人いると思っているの？　……35億！」と。

まさにあれです。ママ友の３人とうまくいかなかったからと言って、世の中に３人しかママがいないわけではありません。何てことはないのだと、大きく捉えてみましょう。

職場だって習い事だって同じです。あなたはいくらでも選べるのです。

それなのに「ここでうまくいかなければ」「この人たちとうまくやっていかなければ」と思い込んでいるのは、その小さな世界しか見えなくなっているということ。まずはその狭い視界から抜け出すことが第一歩です。

ほどかなければ、新しい縁を結ぶことはできない

もうこの関係性は違うな、この人とはもう離れたほうがいいなと感じつつも、長年一緒にいた人や所属していた場から離れていくときには一抹の寂しさを感じるかもしれません。

それが執着になると、エネルギー的に絡みついてしまって、なかなか解消できなくなり

ます。

ただ、絡み合っている縁をほどかなければ、新しい縁を結ぶことはできません。

今までいた場所を離れることは覚悟のいることかもしれませんが、「この関係性は違うな」「ここはもう私のいるべき場所じゃないな」という関係性を終わらせていかなければ、新しいご縁を迎え入れるスペースはできないのです。

逆に寂しさを感じつつも覚悟を持ってその場を離れれば、違う可能性が開くことになります。

もっと気の合う人たちと出会えるかもしれませんし、新たな出会いの中で自分にとっても相手にとっても実りのある関係性を楽しめるかもしれません。

「もう違うかな」と感じているのに、これまでの関係性にしがみついているというのは、そうしたチャンスを自ら放棄していることと心得ましょう。

最近、不登校のお子さんについて親御さんから相談を受けることがあります。

そのときにも、「学校という場所に固執せず、学校以外に楽しめる場所、人と触れ合える場所を、親御さんも一緒に楽しみながら見つけてあげることが、その子にとってもプラスになりますよ」とお伝えしています。

学校は小さな社会のようなものなので、お子さん本人もあるいは親御さんも「この中でうまくできなければ、どこに行ってもうまくいかないんじゃないか」と思い込んでしまうことがよくあります。でも、そんなことはありません。

学校は楽しめなくても、たとえばダンスが好きな子だったら「ダンス好きでしょ？　ダンス教室通ってみようか？」などと誘ってみると、そこでとても気の合う親友ができるかもしれません。

また、「学校ではうまくいっていないけど、こっちではうまくいっている」という場所ができれば、それだけで救われますし、新たな可能性という視野も広がります。

その視点で、学校に戻ることがあれば、そのときには「こう考えればいいかな」「別にそんなに気にしなくてもいいかな」などと、一つひとつの出来事に対して、それまでとは違う捉え方ができるようになるでしょう。

そのときには辞められなかったから、今になっただけ

覚悟をもって絡まっていた縁をほどいてみると、パッと新しい可能性が開かれ、「何でもっと早く辞めなかったんだろう」

「何であのとき、すぐに離れなかったんだろう」

「何て無駄な時間を過ごしちゃったんだろう」

などと後悔する気持ちが出てくるかもしれません。

でも、それは一つのタイミングなのです。

本当に辞められたなら、とっくに辞めていたでしょう。でもそのときには辞められなかったから、今になったのです。当時の自分よりも成長した今のあなただから、覚悟を持って辞められたのですし、その自分だからこそ、「こうすればよかったのに……」という新たな視点を使うことができるわけです。

だから、「あのときに」とか「もっと前に」とか考えても意味はありません。

大事なのは「じゃあ、この瞬間からどうしていくか」、シンプルにそれだけです。

成長のスピードが変われば関係性も変わる

大人になってから友だちができなくなった、という話もよく耳にします。「知り合って、ある程度は仲良くなれても、なかなか友だちという関係にまではいきません。大人になってから友だちを作るにはどうすればいいのでしょうか」などと相談をいただくこともあるんですね。

こういう場合、「友だちとはこういうもの」「こういう関係でなければ友人とは言えない」といった思い込みがあるのかもしれません。こうした思い込みを、僕は「観念」と呼んでいます。

その観念さえ手放せば、友だちの輪は広がります。なぜなら、あなたが友だちだと思えば、友だちなのですから。

たとえば、学生時代のように毎日連絡を取り合わなくてもいいのです。何でも話せて何でも相談できないとしても別にいいのではないでしょうか。

あなたが「友だちとは言えない」と思っている相手は、あなたのことを友だちだと思っているかもしれません。

「友だちはこうあるべき」といった観念があなたを窮屈にさせているのかもしれません。もし思い当たるところがあれば、これも手放してしまいましょう。


一方で、仲の良かった人と、嫌いになったわけでも、喧嘩をしたわけでもないけれど、なんとなく疎遠になっていく、ということもありますよね。

僕たちは日々、それぞれの人生を送りながら成長しています。

同じリズム、同じスピードで成長しているときには、波長がピッタリ合うので、打てば響くような関係性でいられますが、まったく違う仕事に就《つ》き、まったく違う経験を積み、まったく違う人間関係に身を置いていると、成長のリズムもスピードも変わってくるのは、ある意味自然なことと言えるでしょう。

そうすると、ピタッと波長が合っていた人とも「あれ?」と違和感を感じるようになり、かみ合わなくなっていくのです。これが、人との関係性が終わっていく、離れていく基本的な要因です。

けれども、いったんは離れてもまた再会することもあります。何らかの形で、進む方向性や成長のスピードが合ってくると、思いがけない再会があったりするのです。

そういうときには、すごく懐かしく感じたり、ものすごく久しぶりなのにパッと打ち解けたりして、またご縁がつながっていきます。

それは、離れている間にお互いがそれぞれの場所で経験を積み、成長しているから。学んだものを持ち寄るような形で出会い、また一緒に仕事をすることになったり、一緒に旅行をするようになったり、時間をともにするようになるのです。

もちろん、離れたまま再会することのない人もいますが、そうやって思いがけず再会することもあるわけです。

今は、誰にとっても人間関係の変化が起こりやすいタイミングです。

出会いも増えれば別れも増えるということですが、もしも自分から離れていく人が出てきたら、追ってはいけません。その人が離れていくような流れができるというのは、もうお互いに離れたほうがいいタイミングであるということでもあるのです。

それなのに相手に執着して「置いていかないで」としがみついてしまうと、お互いの発展性や可能性をつぶしてしまうことになりかねません。

固執するのではなく、お互いの明るい未来のために、その先に待っている幸せや豊かさのために、「今までありがとう」と言って、手を放しましょう。こうした軽やかさを大切にするようにしてください。

相手に依存せず、自分のバランスを取りながら、お互いの幸せを祈る。そういう意識を大事にしましょう。

第4章

人間関係の悩みを手放せば、最高の人生が開かれる

人生を〝生ききる〟ためにここにいる

ここまで、自分と一致することが大事ですよ、本当の自分を表現することがコミュニケーションのスタートですよと繰り返しお伝えしてきましたが、僕自身も、本当の自分を表現できず、いい子を演じていたときがありました。

子どもの頃から霊的な力があり、人の心を読むことができた僕は、目の前の人が自分に何を求めているのかがわかっていました。

たとえば、学校の先生が僕に対して「ここに立っていてほしい」と思っていると感じたら、シレッとそこに立つのです。そうすると、先生にとって僕の印象はよくなります。実際、よく褒められていました。なぜなら、何も言わなくても望んでいる通りに動いてくれるからです。

友だちとの間でも同じように振る舞っていました。この子は僕にこうしてほしいと望んでいる、これを求めているということがわかってしまうので、それに合わせてしまう自分がいたのです。

相手に合わせている自分は、相手の要求にぴったりマッチングするので、「なんていい子なんだろう」「なんて素敵な子なんだろう」と、好意的に受け入れられていました。

でもそれは、相手にとって心地よい、もしくは都合のよい間柄や関係性は築けるかもしれませんが、その人が本当の僕自身を好きだと思ってくれているのか、大切に思ってくれているのかというと、また違っていたのです。

それに、どんなに周りに溶け込んでいるように見えても、そこにいる自分は本当の自分ではありません。

どんなに受け入れられているように見えても、それが本当の自分でなければ、何の意味があるんだろう――。

そう、ふと気づいたときに、「ああ、もうやめよう」と思いました。

なぜなら、既にお伝えしたように、僕たちは誰かの期待に応えるためにここにいるわけではないからです。

「親の期待に応える」とよく言われますが、親の期待に応えるためにあなたは生まれてきたわけでもありません。

あなたは、あなたの人生を〝生ききる〟ためにここにいるのです。

先生の前では先生に気に入られるように、親の前では親に気に入られるように、友だちの前では友だちに気に入られるように……と、子どもの頃の僕がそうだったように〝その人の前での私〟を使い分けて生きることもできなくはありません。

でも、少なくとも僕は、あるとき限界を迎えました。こんな生き方は虚しい、と思ったのです。

この経験は今、僕がスピリチュアルカウンセラーとして「本当の意味で、幸せで豊かな人生の生き方」をお伝えする仕事をする上で、とても活かされています。

ありのままの自分に立ち返る

今までは、空気を読む、場に合わせて取り繕《つくろ》う、建前《たてまえ》を大事にするといった風潮がありました。相手に合わせて、場に合わせて「ここではこういう自分」「こっちではこういう自分」と仮面を付け替えるようにしてうまく渡り歩くような面もありました。

でも、「この人にはこういう顔」「あの人にはこっちの顔」……と、その都度、自分の表わし方を変えるのですから、それは疲れるでしょう。その場では、その仮面をつけた自分になりきっているからいいかもしれませんが、帰ったらドッと疲れが押し寄せてきます。

仮面をかぶるとは、演じているということです。それは、嘘をついているということでもあります。

もちろん、相手を騙そうと意図しているわけではありませんが、本当の自分を隠して偽りの自分を表現しているということは嘘をつき続けているようなもの。それが疲れるのです。嘘がばれないようにしようと気を遣ったり、自分を偽っている自分を認めたくないという自分が出てきたりして、消耗していくわけです。

それに、あなたの演じている偽りの自分が、多くの人に「素晴らしいわ！」と拍手喝采されたとしても、称賛されているのは本当の自分ではないことは、自分がいちばん知っているのです。

最初はその事実を見たくないために「いや、そんなことない。私は別に建前なんて使ってない」「仮面なんてかぶっていない」と思い込もうとするかもしれませんが、深いところではちゃんとわかっています。

それでも偽りの自分を演じ続けていると、「本当の私をちゃんと見てよ。本当の私に意識を向けてよ」と、本来の自分と向き合うように促すサインとして、ときに病気になったりもしますね。そうなると、否が応でもその自分と向き合わざるを得なくなります。「もう、本当の自分とズレたまま生きてる場合じゃないでしょ？　このタイミングに、本来の自分を取り戻して、魂の望む本当の人生を生き始めましょう！」というメッセージが来ているわけです。

今、多くの人たちが、大なり小なり、そうしたことに直面しています。

なぜなら、これからの時代はありのままの自分、本質の自分に戻っていくことが必要だからです。それが、これからの時代を生きるうえでとても大事なベースになるのです。

コミュニケーションに悩まず生ききる

自分で自分を大事にする習慣を身につけ、「自分軸」に一致することができれば、コミュニケーションで悩むことはなくなり、自由に自分を表現することができるようになります。

そして、誰の前でも、どこにいても、自分を素直に表現できるようになったとき、あなたは本当の喜びを感じられるようになるでしょう。

本当の自分を表現できることほど、うれしいことはありません。ワクワクすることはありません。楽しいことはありません。

周りからどんなに好かれていても、真の自分を表現できていないのであれば、それは生きていないのと一緒です。少なくとも、「あなたの人生」を生きてはいません。

あなたが生きているというのは、自分の本質につながって、それを表現しているときです。このとき初めて、あなたは、自分の人生を生きていると言えるのです。


中には「職場では仮面をかぶって借りてきた猫のようにやり過ごしてるけど、プライベートではちゃんと自分をさらけ出せる環境があるからいいんです」と言う人もいるでしょう。

あるいは逆に「家庭では自分が我慢したほうが丸く収まるのでおとなしくしてるけど、他でちゃんと自分を表現できる場を持ってるから大丈夫です」と言う人もいるかもしれません。

でも、それでは分離を生みます。自分の中に分離が生まれるのです。

たとえば、半分の時間は自分を出せるけれど、残りの時間は出せない。もしくは半分の時間は楽しいけれど、残りの時間はつまらないというあり方にOKを出していると、次の瞬間もその次の瞬間もずっと半分は自分を表現できて半分はできない、半分は楽しくて半分はつまらないという人生を創り出すことになります。

それでいいのでしょうか?

「いいんです、それで」と言うのであれば、もちろんいいのですが、僕は、とてももったいないことだと思います。

せっかく自分の人生を生きるために、肉体を持ってこの世に生まれてきたのですから、自分を表現して、自分の人生を生ききってほしいと思うのです。

すべての人に好かれることはあり得ない

ありのままの自分を表現して、本当の自分を生きるようになると、自分に合う人と合わない人が明確になってきます。見事に分かれていくんですね。

たとえば、今まででだったら、おとなしくしている人のことが好きな人の前では、受け入れてもらえるように努めておとなしくしていたのに、これからは「今、歌いたい！」と思ったら歌うわけです。相手からすると「えっ、あなたってそんな人だったの？　そんな人だと思わなかった」となりますよね。

そのとき「私、あなたみたいな人にはついていけないわ」と離れていく人もいるでしょう。

でも、本当の自分で存在しているあなたを受け入れられないその人とは、一緒にいる意味もなければ、一緒にいる必要性もありません。

あなたが、本当の意味で一緒にいる人は、本来の自分を表現しても、それにＯＫを出してくれる人、つまり、ありのままのあなたを受け入れてくれる人です。

それが、あなたが大切にすべきこれからの人間関係です。

すべての人に好かれる必要はありません。

そもそも、すべての人に好かれるなんて、不可能なのです。

あなただって、すべての人を好きなわけではないですよね。それと同じです。

不可能なことに意識を向ける必要はありません。

あなたのことが本当に好きと言ってくれる人と一緒にいればそれでいいのです。


嫌われたらどうしよう……と悩む人は多いですが、嫌われたから何だと言うのでしょう？　ちょっと想像してみてください。

誰かに嫌われたからと言って、あなたの命が脅かされることもなければ、生きて行けなくなるわけでもありません。相手に嫌われたからと言って、どうってことはないのです。

嫌われたというのは、あなたの行動やあり方が気に入らないと、その人の価値観、その人の物差しで判断された結果です。あなたもあなたの価値観や物差しで好き嫌いを自由に思うように、他の人も自由に好きになったり嫌いになったりするのです。

ですから、相手が自分のことを好きになるのか嫌いになるのかなんて、誰もコントロールすることはできません。


実際、こんな実験結果があります。

１００人ぐらいの人がいて、一人ひとりに「Ａさんのことをどう思うか？」と聞いたところ、Ａさんがどんなに相手に好かれようという意識で立ち振る舞いを整えたり、いい人を演じたりしても、１００人のうち２割は「嫌い」と答え、別の２割は「好き」と答え、残りの６割は浮動票になったそうです。

「嫌い」と答える人は何をしても嫌いだし、「好き」と答える人は何をしても好きなのです。

「２６２の法則」と呼ばれるものがありますよね。どんな集団も、よく働き成果を上げる人が２割、普通に働く人が６割、あまり貢献しない人が２割という「２：６：２」に分かれるというものです。

結局、そんなふうに分かれるのが世の常なのです。

何をしても２割の人には必ず嫌われるのですから、嫌われないようにしようとしたところで意味がありません。かえって、あなたの行動に制限が出てしまいます。

それなのに、その不可能なことにみんな心を砕くのです。

自分の大事な時間とエネルギーを割《さ》くのです。

「これを言いたいけど、嫌われたらどうしよう」「ここで本音を言ったら、嫌われちゃうかな」などと悩んでいる間に、あなたの寿命は尽きてしまいます。

それで本当にいいのですか？

そんなことを悩み続けることに、貴重な命を使っていいのか、自分に聞いてみてください。

「あの人にあんなこと言われた。嫌われたんじゃないか……」などと、家に帰ってからも悶々と気にしている人もいますが、そんなことに限りある人生の時間を使っていいの？　大切な命を使っていいのかな？　と自問してみるのです。

それに、「嫌われないように」と細心の注意を払って、周りの人に合わせて行動したとしても、その人たちはあなたの人生の責任は、何ひとつとして取ってくれませんよ。あなた以外、誰もあなたの人生の責任は取れないのです。

そのうえで、もう一度考えてみてください。

あなたが本音で生きることの大切さと、人に嫌われないようにすることの大切さ。

これらを比べたときにあなたにとって本当に大切なのはどちらですか？

本当のあなたを好きと言ってくれる人

本当のあなたを表現したときに「あなたのことが好きです」と言われたら、心から「ありがとう」と言えるでしょう。

でも、本当の自分で存在せず、いつも人の顔色をうかがって、人に嫌われるかどうかを判断基準にして、その通りに動いた結果、人から好かれたとしても、その人は本当のあなたとかかわっているわけではありません。本当のあなたが好かれているわけでも、本当のあなたが受け入れられているわけでもないのです。

今の僕なら、そんな人間関係は要りません。

もう一度言います。嫌われたっていいのです。

ここで、「嫌われてもいい」という感情には2種類あることを知ってください。

好かれることを期待していないので、嫌われていたとしても、それはそれでＯＫというクリアな意識が、一つ。

もう一つは、「別に嫌われたって構わないんだから」と突っぱねているパターンです。後者は、本当は嫌われたくないと、強く思っている人のあり方です。本音では誰よりも嫌われたくないと思っているから、嫌われたと感じたときに傷つくのを恐れて「嫌われたっていい」と、前もって自分に言い聞かせているのです。この2つはまったく違います。

どう振る舞ったって、あなたのことを悪く言う人はいるのですから、そんなところに意識を向けず、あなたを「大事だ」「好きだ」と言ってくれる人に意識を向けましょう。

相手に合わせて、偽りの自分を演じるのではなく、ありのままの自分を何のてらいもなく表現したときに初めて、「あ、そういうあなたって素敵。そんなあなたが好き」と言ってくれる人が現われます。

あなたが自分を隠していたら、本当のあなたを好きだと言ってくれる人は一生現われませんし、本当の意味で誰かと関係を築いたり、つながることもできませんよね。

よく「人とつながりたい」と言いますが、誰かとつながるためには、まずは自分とつながらなければスタート地点にも立てないのです。あなたが自分と分離していたら、誰ともつながることはできません。

ＳＮＳなどにしても、自分を表現すると、中にはバッシングする人、批判する人も出てきます。でも、１人でもあなたのことを「素敵」と言ってくれる人がいれば、その人を大切にするのです。

大切にしてくれる人を大切にするというところから、好循環が生まれていきます。大切にし合う関係性に焦点を当てることで、それが拡大されるのです。

そうすると、大切に思い合える仲間たちが、徐々にかもしれませんが、確実に増えていくことになります。

今日から、みんなに好かれようとするのはやめましょう。

いい人になろうとすることもやめましょう。

そうではなく、私の本質、ありのままの自分を表現して生きることが、自分の人生を生きることなんだという覚悟を持ちましょう。そこに、あなた本来の魅力も可能性もすべてが含まれているのですから。

自分の人生は自分次第、あなたが変われば周りが変わる

本書は、人間関係の悩みから解放されるための本ですが、人間関係に悩むということは、結局のところ自分とのつながりに何らかのブロックがある、自分とのかかわりがうまくいっていないということです。

自分との関係性がうまく確立されていないから、本当の意味で自立できず、そのことが人間関係のトラブルとして表面化しているだけなのです。

だから、自分との関係性を良好にすることが先決になります。

そのためには、第2章でお伝えしたようにまずは自分を大切にすること。自分を労《いた》わることもそうですし、自分に必要なもの、自分が欲しているものを自分自身で与えてあげるということをコツコツとやり続けていくと、自分とのつながり感が確実に強くなっていきます。

そして、自分とのつながりが良好になってきたら、自分を表現しようとするときに出てきたネガティブな周波数を手放していく。それは不安かもしれませんし、無価値感や罪悪

感、怖れかもしれません。

これらを感じるとき、「あなたの中に、重たい周波数が残ってるよ。本来の自分を表現することの邪魔になってるよ」と、その存在を教えてくれているのです。それなのに、相変わらず、そのネガティブな周波数を握りしめたままでいると、不安なら不安を抱かせるような相手が、無価値感なら無価値感を感じるような相手が寄ってくることになります。あるいは、そうした出来事を引き寄せることになるのです。

それはひとえに、あなたがそのブロックを手放さないから、それだけです。

逆に、あなたがちゃんと重たい周波数を手放す習慣を身につけて、自分自身を整えることができるようになると、今までは敵のように見えていた、もしくは自分を攻撃してくるように見えていた相手が「あれ、この人って、こんなに優しい人だったっけ？」というように変わったりするわけです。

自分が変化するということは、現実を映し出すのに使っていたフィルムが変わるということ。言い換えるなら、引き寄せの起点が変わるということです。

そうすると、今までとは違うタイプの人たちがあなたの人生に入ってくるようになります。あなたが「こんな人に出会いたかったんだ」「こういう関係性を築くのが夢だったんだ」と思えるような人たちとのご縁ができてくるのです。

そして、あなたの本質のエネルギーに合わない人たちは、何らかの形であなたの人生から去っていきます。あるいは、それまで合わないと思っていた人が、急にまるで別人のようになって現われたりするのです。

結局は、どこまでいっても自分との関係性次第なのですね。

よく考えてみてください。

自分ではなく他人を変えようとした場合、苦手な相手が10人いたとしたら10人を変えなければなりません。でも、あなたが変わるのであれば、自分一人だけに集中すればいいのです。こんなに楽なことはありません。

一人でいても誰かといても、自由でいられる

あなたは今、あなたの人生の最高のストーリーを生きるうえでとても大事なキャスティ

ングをしている最中です。

そのときに、本当のあなたが好き、本当のあなたと向き合いたい、本当のあなたと大切な時間を過ごしたいという人が周りに集まってくれれば、これほど素敵なことはありませんよね。最高の人生のストーリーを生きるうえで、とても大事な条件になります。

そのキャスティングのカギを握るのは……？

もうおわかりですよね。

自分の本質とつながり、本当の自分を表現することです。

あなたが本音で生きて、本来の自分につながっているとき、周りにはあなたの本質のエネルギーに魅了された人たちが集まってくることになります。

なおかつ、誰かといても、一人でいても、いつもリラックスしていて、自由でいられるようになります。

一人を楽しめることも素晴らしいことです。何かをやりたい、どこかに行きたいと思ったときに一人でも自由に動けるというのはまさに優雅なことでしょう。

そうやってどんな場面でも自分の本質を素直にいかんなく発揮できるようになると、

「自分の人生は自分次第なんだ」という真実に、一層の確信が持てるようになります。

そして、あなたは人間関係に限らず、仕事であれプライベートであれ、あらゆることに自由な開放感を感じられるようになるのです。どの瞬間も楽しめるようになるんですね。

そうなると、自分の行動を止めるものは、もはやなくなります。

人の目を気にしてやりたいことを我慢したり、「あの人はこう言っているから」と誰かのせいにして選択肢を変えたりすることもなくなるでしょう。「やりたい」と思ったことに、どんどんチャレンジし、やりたいことができるようになっていくのです。

それはそれは、パワフルで豊かな人生です。

どうぞあなたも、「あなたが生まれて来る前に決めてきた、人生の最高のストーリー」を生き始めてくださいね。さぁ、スタートです！

おわりに

この原稿を書いている2023年は、僕たち人類にとって「自分を極める」というフェーズに入っています。中でもポイントとなるのが、この本のテーマでもある「人間関係を極める」ということです。そのためにはどうすればいいのか、ということに関しては、本文に書き尽くしましたが、大切なのは「自分の本質につながって、ありのままの自分を表現する」ということに尽きると言えるでしょう。

今は「風の時代」とも言われるように、価値観が大きく変わっていくタイミングを迎えています。これまでは、家族とはこうあるべき、夫婦とはこうあるべき、親子とはこうあるべきといった〝理想の形〟があり、その形に合わせていくようなところがありましたが、これからはそうした形はどんどん意味をなさなくなっていきます。

それよりも、繰り返しお伝えしてきた通り、しっかりと自分の本質につながり、その瞬間その瞬間、あなたが「『こひしたふわよ』をベースに、こうした方がいい」と感じたことに行動を一致させていけば、それがベストになるのです。

最後に、何らかの事情で、もう会えない人との間にわだかまりを抱えていて、その関係性をクリアにしたい場合は、どうすればよいのでしょうか？

そのときには、どうぞ手紙を書いてください。

どこに住んでいるかわからない、あるいは、もう既に肉体を脱いでいて、霊界に渡っているなど、実際に渡せなくてもいいので、思いの丈を手紙に書いてください。

もしも、相手に謝りたい気持ちがあるのなら、「ごめんなさい」と素直に書く。

誤解を招いたまま会えなくなってしまって、そのことがずっと引っかかっているのなら、「あのとき本当はこう思っていたんだよね」と、すべて書き出してみるのです。

そうやって、まずは自分の感情を解放しましょう。

そして、自分を許し、相手を許してください。その際、何らかのブロックが出てきたら、それをその都度手放すことで、受け入れることができるようになるでしょう。

僕たちはみんな、エネルギーレベルではつながっていますので、あなたの意識の変化は必ず相手に伝わることになります。それが、関係性に変化をもたらすのです。

大切なことなので、もう一度言います。何らかの理由で、たとえもう会えなくなった人でも、わだかまりをそのままにするのではなく、手紙を書くという行為を通して、きちんと本音を表現し、握りしめていた重たい感情を手放していってください。

それが、あなたと相手の方を留めていたネガティブな鎖を断ち切り、真の自由へと飛翔させる鍵になるのですから……。

それでは、本書を執筆するにあたりかかわってくださったすべての方々に、そして、この本のメッセージを受け取ってくださった「あなた」に心からの感謝の気持ちを送り、筆をおきたいと思います。本当にありがとうございました。

どうぞ、これからのあなたの人生が、太陽の如く光り輝きますように！

2023年7月

並木良和

〈著者略歴〉

並木良和（なみき・よしかず）

幼少期よりサイキック能力（霊能力）を自覚し、高校入学と同時に霊能力者に師事。その後、本格的にスピリチュアルカウンセラーとして独立。現在は、ワークショップ、講演会等を通じて、世界中で１万人以上のクライアントに支持されている。

著書に『ほら 起きて！目醒まし時計が鳴ってるよ』（風雲舎）、『最高の死に方をするための最高の生き方』（PHP研究所）、『新しい地球の歩き方 自分史上、最高の自分に出会う旅』（フォレスト出版）、『次元上昇する魔法の習慣111』（KADOKAWA）など多数。

並木良和オフィシャルサイト　namikiyoshikazu.com

新しい人間関係のルール

2023年８月10日　第１版第１刷発行

著　者　並木良和
発行者　永田貴之
発行所　株式会社ＰＨＰ研究所
東京本部　〒135-8137　江東区豊洲5-6-52
ビジネス・教養出版部　☎03-3520-9615（編集）
普及部　☎03-3520-9630（販売）
京都本部　〒601-8411　京都市南区西九条北ノ内町11
PHP INTERFACE　https://www.php.co.jp/

組　版　有限会社メディアネット
印刷所
製本所　大日本印刷株式会社

ISBN978-4-569-85517-2